Hernán J. Pereda Bullrich cpcr

2000 Jahre Christentum

Historiogramm des Weges der Kirche

AUSGABEN IN DEUTSCHER SPRACHE

1. Auflage	500 Exemplare	Juli	2011
2. Auflage	1.000 Exemplare	Juli	2012
3. Auflage	5.000 Exemplare	Juli	2013

AUSGABEN IN SPANISCHER SPRACHE

13 Auflagen	72.000 Exemplare	1999 - 2011

AUSGABEN IN PORTUGIESISCHER SPRACHE

1. Auflage	5.000 Exemplare	Nov. 2002

AUSGABEN IN FRANZÖSISCHER SPRACHE

12 Auflagen	85.500 Exemplare	2003 - 2013

AUSGABEN IN ENGLISCHER SPRACHE

5 Auflagen	14.500 Exemplare	2004 - 2008

AUSGABEN IN ITALIENISCHER SPRACHE

3. Auflagen	4.000 Exemplare	2005 - 2013

Titel: "2000 JAHRE CHRISTENTUM. Historiogramm des Weges der Kirche"

© Autor des Textes: Hernán J. Pereda Bullrich
© *"FECOM"* Stiftung für Evangelisierung und Kommunikation

Herausgeber: *"FECOM"*
Stiftung für Evangelisierung und Kommunikation
"Casa Cristo Rey" Cañada de las Carreras n° 2 oeste
28223 POZUELO DE ALARCON (Madrid). Spanien
Tel. und Fax : +34 913 518 257
www.fecom.org

Bestellungen:
E-Mail: fecom_fundacion_evangelizacion@yahoo.es

Nachfragen und Anregungen:
E-Mail: hernanjp@hotmail.com

I.S.B.N.: 978-84931963-8-7
Hinterlegungsnummer
der PflichtExemplare: M-19486-2013

Aquarelle: María Teresa L.Villalta

Druck:VILLENA ARTES GRAFICAS

Layout: Susana Sutherland de la Cruz

Übertragung ins Deutsche: Bárbara Heinsch

VORWORT ZUR ERSTEN AUFLAGE

Das Jahr 2000 - das dritte Jahrtausend - steht vor der Tür, ein Ereignis, das das Herz des Christentums zutiefst berührt. Wir Christen feiern jubelnd zweitausend Jahre Geschichte. Unsere Generation hat die Ehre, Zeuge und Hauptdarsteller dieses einzigartigen geschichtlichen Moments zu sein, und dies ist eine Aufforderung dazu, uns der Verantwortung derjenigen gegenüber bewusst zu werden, die nicht gläubig sind oder die Meinung vertreten, Jesus Christus, der Herr, sei bloß eine weitere Persönlichkeit unter so vielen anderen, die am Abenteuer Menschheit teilnehmen.

Der Autor des vorliegenden Werks will diejenigen wachrufen, die die geschichtlichen Ereignisse und die Zukunft der Persönlichkeiten, Denker, Tatsachen, Kriege und Grausamkeiten, die ja auf die ein oder andere Art und Weise den Verlauf der Zeit bestimmen, vielleicht nur unaufmerksam mitverfolgen.

Mit der Gegenwart Gottes im Fleisch, mit der unergründlichen Nähe des Herrn der Geschichte wurde die ganze menschliche Wirklichkeit von seinem „Vorbeiziehen", seinem Pascha, vor dem niemand gleichgültig bleiben konnte, durchtränkt. Die unerhörte Feststellung "Und das Wort wurde Fleisch" veranlasste die nicht weniger unerhörte Geschichte des Christentums.

Es ist nicht das Ziel von H. Pereda, eine gründliche Analyse vorzunehmen und auch nicht, die positiven und negativen Werte der Geschichte proportional darzustellen. Er verzichtet sogar darauf, zwar mit Bedauern, so attraktiven Epochen wie der Patristik mehr Platz einzuräumen. Es gelang ihm jedoch, uns zu dieser seiner Arbeit, die wie ein Symbol sein will, in Beziehung zu setzen. Sie wird uns zweifellos dabei helfen, uns dessen bewusst zu werden, dass die Geschichte einen Sinn hat und uns gleichzeitig dabei helfen, als eine Art Gebet zu sagen: "Herr, was soll ich tun?"

2000 Jahre Christentum - der Weg der Kirche - laden uns Leser dazu ein, uns als Hauptdarsteller zu fühlen und all das zwischen den Zeilen zu lesen, was unser Herz uns eingibt. Mögen wir zu Beginn des neuen Jahrtausends alle einen Schritt vorwärts tun, der irgendwie im Verhältnis steht zu den unermesslichen Gaben, die wir bis heute erhalten haben, denn die Geschichte ist die Bühne, auf der Gott seine Wohltaten und Wunder vollbracht und offenbart hat. Sie ist "Zeugin der Zeiten, Licht der Wahrheit, Leben der Erinnerung, Lehrmeisterin des Lebens, Verkünderin alter Zeiten" (Cicero, De Oratore, Buch 2, 36).

+ Eugenio Romero-Pose
Weihbischof von Madrid

PRÄSENTATION DES AUTORS
- Erste Auflage -

Das Schiff Petri segelt jetzt auf seiner Reise durch die Jahrhunderte in den Hafen des Jahrtausendwechsels.

Es ist eine gute Gelegenheit, die Sterne anzusehen und mit ihrer Hilfe die Navigationskarte zu betrachten, um sich im Verlauf der Geschichte nicht zu verirren. Hier liegt uns nun eine Annäherung an diese Kartografie vor, damit sie uns allen, der Besatzung, den Seefahrern, Passagieren und Schiffsbesuchern im Hafen dazu dient, den Sinn der Reiseroute besser auszumachen. Es handelt sich auch um eine Einladung an all diejenigen, die an der Mitfahrt Interesse haben, an Bord zu gehen, vor allem dann, wenn sie den Wert des Bestimmungshafens entdecken.

Wir glauben daran, dass es sich um ein einmaliges Abenteuer handelt, um eine erstaunliche Reise, zwar nicht ohne Unwetter und Stürme, aber mit einem klaren Ziel. Diese "2000 Jahre Christentum", am Ende des zweiten Jahrtausends, wollen so etwas wie ein Aufruf zum Jubel sein. Der Jubel beruht nicht auf dem eigenen Verdienst, sondern auf dem Bewusstsein, dass wir, obwohl wir uns dieser gegenwärtigen Epoche rühmen – auf Grund deren großartiger Fortschritte und Errungenschaften -, nichts weiter sind als "Zwerge auf den Schultern von Riesen".

Aus diesem Grund will uns diese Straßenkarte auch dazu einladen, die Reise in der umgekehrten Richtung anzutreten, in Richtung Anfänge, zu unseren Wurzeln, wo wir all unsere Vorfahren antreffen, die die Last dafür trugen, was uns heute erlaubt, zwischen Licht- und Schattenseiten eine offen gesagt spektakuläre Epoche zu genießen.

Wir wissen, dass für Gott die Menschheit nicht nur aus den fünf- oder sechs Milliarden Menschen besteht, denen das Privileg gewährt ist, diesen Hafen kennengelernt zu haben, sondern auch aus all jenen, die waren und die sein werden; wir bilden alle zusammen eine unermessliche Kette, in der jeder nur ein Glied ist.

Der Sinn dieser Arbeit

Zum Zeitpunkt des Jubiläums geht es nicht nur darum, das Jahr 2000 zu feiern, sondern auch die zweitausend Jahre. Die christliche Feier schließt außerdem mit ein, sich der Irrtümer und Verfehlungen bewusst zu werden, sie zu beurteilen und sie folglich mit Schmerzen einzugestehen. Und sie ist sogar ein Opfer: dasjenige des Herrn und das all seiner Jünger, die ihr Leben für die Freunde hingegeben haben. Es geht darum, Zeugen zu sein, wie es die Märtyrer waren, die diese ganze Geschichte untermauern.

Damit bejahen wir, dass wir das Ereignis dank der Gabe Gottes mit echtem Jubel feiern können. Der Leser möge sich nicht wundern, sowohl Erfolge als auch Fehlgriffe festgehalten zu sehen. Man muss ja bedenken, dass aus letzteren, wie auch aus dem Scheitern, oft eine genauso große oder noch größere Lehre gezogen wird als aus den Erfolgen. So wird die Geschichte zur Lehrmeisterin. Genau hier liegt der Schlüssel für eine zweifache Lektüre der folgenden Seiten: In vielen Einzelheiten der Geschichte ist die Menschenhand zu erkennen, aber im ganzen Zusammenhang vor allem die Hand Gottes.

.../...

.../...

Was die "Einzelheiten" betrifft, so müssen wir zugeben, dass, als plötzlich die Idee der Veröffentlichung dieser Arbeit aufkam, wir materiell gesehen nicht vor der Möglichkeit einer in allen Aspekten ausreichend durchdachten Ausgabe standen. Dieses Schema war am Anfang nichts anderes als eine persönliche "Gedächtnisstütze", die über lange Jahre hinweg erarbeitet wurde, indem Notizen von geschichtlichen Elementen, auf die man stieß und die man einordnen wollte, aufgezeichnet wurden. Dessen ungeachtet motivierten uns die Personen, die die Arbeit sahen, dazu, sie zu veröffentlichen, da sie nützlich erschien, um sich auf dem zurückgelegten Weg zu positionieren. Viele haben dabei geholfen, dieser zweifellos komplexen Übersicht Form zu geben: bei ihrem Aufbau, bei der Zusammenstellung der Daten, die ausgewogen sein sollte, und bei der Gesamtdarstellung.

Es ist unmöglich, hier alle nennen zu wollen, aber unbedingt erwähnen müssen wir Pater Giaccomo Martina, Professor für Geschichte an der Gregorianischen Universität, der in den Herzen seiner Studenten eine optimistische Sicht der christlichen Erfahrung säte. Ebenso noch viele andere, wie Schwester Verónica Couget cpcr, welche die Aufgabe übernahm, die erste Darstellung in Letraset wiederzugeben, damals in den 1970er Jahren, eine genauso mühselige Arbeit wie andere, die noch folgen sollten; auch unseren lieben Freund Eduardo Grech, der seine Zeit einbrachte, ohne die Stunden zu zählen. Weitere Freunde wie Salvador Ferrer steuerten ihr Wissen und ihre Fähigkeiten bei. Dazu kommen die Aquarelle von Mayte L. Villalta, die einem Großteil des Schemas den künstlerischen Hauch verleihen und erlauben, Epochen und Stimmungen besser zu vermitteln.

Diese Arbeit beruht aber vor allem auf der Beharrlichkeit und unermesslichen Geduld von Isabel Alumbreros, die das Layout für die konkrete Darstellung, die wir hier präsentieren, in die Hand nahm. Die Tatsache, dass sie fähig war, diese enorme Datenmenge in ungefähr zehn Neubearbeitungen, die aufgrund der nachfolgenden Korrekturen und neuen Gestaltung des Materials nötig waren, darzustellen, verdient unsere volle Dankbarkeit

Und schließlich war die Begegnung mit Herrn Eugenio Romero Pose und über ihn mit Schwester María Jesús Bescansa von der Abteilung Bildung und Erziehung der Diözese Madrid Vorsehung und das Element, das noch gefehlt hatte, um zu ermöglichen, dass wir heute über dieses Material verfügen. Ihnen allen möchte ich an dieser Stelle herzlich für ihre Beiträge und ganz besonders für den Einsatz danken, mit dem sie überprüft, verglichen und einiges hinzugefügt und entfernt haben.

Und hier kommt unser ausdrückliches Anliegen: Wir möchten die Leser dazu einladen, die Gesamtheit dieser Geschichte, die anfangs auf einer einzigen Rolle abgebildet war, zu betrachten und dies zu einer Gelegenheit werden zu lassen, um Gott zu danken, dass wir in genau diesem Moment der Existenz seiner Kirche leben dürfen. Mit anderen Worten, wir präsentieren diese Arbeit als ein Symbol des Einwirkens Gottes in der Geschichte der Menschen. Auch wenn es aus typografischen Gründen nicht möglich war, alles fortlaufend darzustellen, bestätigen wir ohne zu zögern, dass es sich um einen einmaligen Weg handelt.

Anmerkungen für den persönlichen Gebrauch

Der Verfasser dieser Seiten ist weder ein Gelehrter noch ein "Bücherwurm". Es handelt sich um jemanden, der sein Leben dafür eingesetzt hat, seinen Glaubensgeschwistern die Werte der Erlösungsgeschichte weiterzuvermitteln, sei es die biblische, beruhend auf dem Wort Gottes, oder die der Kirche, die so etwas ist wie die praktische Arbeit der Gläubigen, die die Gabe dieses Wortes leben wollten. Das folgende Schema hat, offen gesagt, eher ein pastorales Ziel als ein wissenschaftliches. Es richtet sich nicht so sehr an diejenigen, die die Geschichte erkunden wollen, als an das ganze Volk Gottes.

.../...

Wir erlauben uns nun, auf einige interessante Elemente hinzuweisen, um die Geschichte in das christliche Leben mit hineinzunehmen. Die Darstellung erfolgt schematisch und ist eine Zusammenfassung des bereits vorher Gesagten. Dabei bleibt es dem Leser überlassen, die Tragweite dessen zu erfassen, was wir hier ausdrücken wollen.

1.- Es besteht eine Einheit zwischen der biblischen Geschichte (dem Alten und Neuen Testament) und der Geschichte der Christen. Beide zusammen bilden die Erlösungsgeschichte, auch wenn natürlich die Unterschiede und ihre Nuancen festzustellen sind. Der Anfang dieser ganzen Geschichte hat seine Wurzeln im Exodus – und auch schon in der Schöpfung –, wo die Wanderung beginnt, die dann zu Jesu Zeiten zu ihrer Blüte kommt.

2.- Deshalb erschließt uns die hebräische und christliche Osterfeier den Sinn dessen, was wir heute feiern. Sie umfasst Tod und Leben, Licht und Schatten, menschliches und göttliches Handeln. Wie bereits erwähnt, stellen wir fest und wiederholen, dass Fehlschritte oft eine stärkere pädagogische Kraft in sich bergen als die großen Erfolge. Es hat seinen Grund, dass der Herr sie nicht nur zuließ; sie scheinen in der Bibel sogar hervorgehoben zu werden. Dem ist so, weil man aus ihnen tatsächlich viel lernen kann.

3.- Wir Christen feiern unsere Kirchengeschichte ausgehend von der Apostelgeschichte. Dieses Buch des Neuen Testaments hat eine vielbedeutende Eigenschaft: Es blieb unvollendet, wahrscheinlich wegen des Martyriums seines Autors, des Arztes Lukas. Das heißt, es ist die Aufgabe der „Wegnachfolger", die „Fortsetzung" der neuen Zeiten mit ihrem Leben und oft mit ihrem Blut zu schreiben.

4.- Wir Christen feiern in der Eucharistie unsere eigene Geschichte, indem wir der Heiligen gedenken, dieser großen Herzen, die voller Liebe zu Gott und zu den Glaubensgeschwistern waren und die die Geschichte geprägt haben. Wir werden viele ihrer Namen - nicht alle - auf den folgenden Seiten finden, wohl wissend, dass die Ungenannten, die im Buch des Lebens eingeschrieben sind, zahlenmäßig überwiegen. Sich rund um den Tisch zu versammeln, heißt zu wissen, dass der Herr uns alle vereint wie in einem einzigen Moment, als wären Zeit und Raum unwichtig. Das Jubiläum ist genau der Moment, uns um diesen Tisch herum zusammenzusetzen, diejenigen von gestern und diejenigen von heute.

5.- Sicher wird die anscheinend unverhältnismäßig größere Bedeutung, die dem 20. Jahrhundert zukommt, die Aufmerksamkeit von mehr als einem Leser erregen. Dazu geführt hat die Erfahrung aus den Kursen über die Erlösungsgeschichte, die in verschiedenen akademischen Kreisen erteilt wurden. Wir stellen das ausgehende Jahrhundert als Einführung in das faszinierende Abenteuer der Menschheit vor, weil wir an die jungen Menschen denken, die sich anfänglich von der Geschichte nicht sehr angezogen fühlen. So wird auch verständlich,dass die Daten der verschiedenen in diesem Historiogramm dargestellten Epochen jeweils anderen Auswahlkriterien unterliegen. Dies wird deutlich, wenn wir den Weg von der Gegenwart bis zu den Ursprüngen nachvollziehen.

6.- Zum Schluss möchten wir die Bedeutung dieses Weges hervorheben, da er dem Leben einen Sinn gibt. So wissen wir, dass nicht nur unser persönliches Leben eine Daseinsberechtigung hat, sondern auch dasjenige von uns allen zusammen.   Das heißt, nicht nur das Leben jedes einzelnen Christen hat einen Grund und einen Zweck, sondern auch das Dasein aller als eine Einheit. Genau das ist der Sinn der Geschichte. In einer Zeit, in der so viele Menschen das Ziel ihres Lebens nicht kennen, kann es nützlich sein zu wissen, dass wir uns nicht alleine auf der Welt bewegen.

---oooOooo---

Hinweise zur Benutzung

Die Art der Benutzung und der Lektüre dieses Historiogramms bleibt jedem freigestellt. Die Verwendungsmöglichkeiten sind vielfältig und es kann sowohl im Unterricht, zur privaten Lektüre als auch zur liturgischen Andacht dienen. Wir erlauben uns jedoch, die einfachste Art vorzuschlagen, um von dem Inhalt der zahlreichen in ihm enthaltenen Daten besser zu profitieren. Es ist die Art, die wir bei den ersten Benutzern beobachtet haben: Es geht darum, eine gute Enzyklopädie zur Hand zu haben und auf sie zurückzugreifen, wenn man auf Elemente von besonderem Interesse oder auf unbekannte Information stößt.

Wir hoffen, dass wir in nicht allzu ferner Zukunft diese Arbeit auch mit didaktischen Mitteln anbieten können, damit sie über interaktive Computer-Anwendungen konsultiert werden kann. Dieses Historiogramm ist bereits das Ergebnis einer Ausarbeitung, die mit elektronischer Technik verwirklicht wurde.

Dieser Überblick motiviert uns hoffentlich alle dazu, zu echten Hauptdarstellern der Gegenwart zu werden, indem wir diese, der wir hier einen einzigartigen Platz einräumen, von ganzem Herzen akzeptieren, weil sie die unsrige ist, und ohne zu vergessen, dass wir "am Ende unseres Lebens in der Liebe geprüft werden" (Heiliger Johannes vom Kreuz).

Hernán Pereda Bullrich cpcr

Die geschichtliche Beurteilung Johannes Pauls II.

Der 12. März 2000, der "Tag der Vergebung", markiert einen Meilenstein und eine Kursänderung des Schiffes Petri auf seinem Weg in die Zukunft. Mit dem Dokument "Erinnern und Versöhnen: Die Kirche und die Verfehlungen in ihrer Vergangenheit", das Seine Heiligkeit Johannes Paul II. der Internationalen Theologischen Kommission auftrug, hat eine neue Etappe in der katholischen Art und Weise begonnen, die Geschichte der Kirche zu lesen.

Außerdem geben uns die Seligsprechungen von Pius IX. und Johannes XXIII., die beide am 3. September des Jubeljahres 2000 stattfanden, neue Schlüssel zur Interpretation des Kirchenlebens an die Hand, indem sie uns dazu einladen, die Geschichte einfach als solche zu lesen, um zu lernen, die Ereignisse der Vergangenheit besser einzuordnen.

Diese Gesamtheit von Tatsachen stellt einen neuartigen und lehrreichen Schritt dar, der uns herausfordert und dazu aufruft, mit Klarsichtigkeit und Reife die Epochen zu beurteilen.

Uns scheint, dass gleichzeitig die Bedeutung, welche die Lektüre der Vergangenheit für das Verständnis des heutigen Menschen hat, hervorgehoben wird und wir dazu eingeladen werden, uns mehr und mehr für diese Geschichte zu interessieren.

Erfreulicherweise konnten wir bei der Vorbereitung der dritten Auflage des "Historiogramms des Weges der Kirche" feststellen, dass die einfache und allgemeine Art, in der unsere Arbeit vorgestellt wird, dabei helfen kann, Schritte in diese Richtung zu tun und sich auf eine neue Sichtweise der Dinge einzulassen.

Die hohe Akzeptanz der beiden ersten Auflagen erlaubt uns, die Gültigkeit der Methode zu bekräftigen, trotz der vielen Einschränkungen. Nicht wenige Korrekturen und Revisionen wurden vorgenommen, jedoch unter dem Druck der journalistischen Eile, die allen Kommunikationsmitteln zu eigen ist. Dazu gehört auch die einzigartige, aus Papier bestehende Tafel dieser Geschichtsschreibung.

Wir hoffen, dass unsere Leser ihr Wissen mit Hilfe einer besser ausgearbeiteten und eingehenderen Lesart der Kirchengeschichte vertiefen werden, einer Lektüre, zu der viele wertvolle Arbeiten vorliegen, vor allem diejenigen, die uns am meisten inspiriert haben: Giaccomo Martina, B. Llorca, Villoslada, die Geschichtssammlung der BAC (Bibliothek Christlicher Autoren) und ganz besonders die Arbeiten von Juan María Laboa.

Es soll klargestellt werden, dass der Autor dieser Arbeit kein Historiker, sondern ein sozialer Vermittler ist. Wenn ihm ein Verdienst zukommt, so ist es dasjenige, zu einer breiten Sicht beizutragen, welche der Zeit der Globalisierung, in der wir leben, gerecht wird. So sollen unsere Leser durch diese erste große Tafel zum Nachforschen und zur Vertiefung angeregt werden.

H.P.

HOLOCAUST: 40 MILLIONEN MENSCHEN STERBEN

WIEDERAUFBAU EUROPAS
20. Jh.

1930 · 1935 · 1940 · 1945 · 1950

...LIK 1918-1933
Paul von HINDENBURG
Wilhelm Marx | Hermann Müller | Heinrich Brüning | F. von Papen K. von Schleicher

ADOLF HITLER
(Führer und Reichskanzler)

POTSDAMER KONFERENZ
Die vier Besatzungsmächte
(USA, England, Frankreich, Sowjetunion)

Österreich: Bundespräsidenten:
BRD: Bundespräsident: Theodor Heuss
Bundeskanzler: Konrad Adenauer
DDR: Staatsoberhäupter: Wilhelm Pieck 1949

1928 · 1930 · 1932 · 1933 · 1934

Hitler und Mussolini versprechen sich "ewige Freundschaft"

47- Aufstellung des 1945
Marshall-Plans

Spaltung Deutschlands:
Bundesrepublik Deutschland im Westen,
Deutsche Demokratische Republik im Osten

LENINISMUS - KOMMUNISMUS
NATIONALSOZIALISMUS

...S DOKTRIN

...durch Stalin, der Trotzki ins Exil schickt
...dung der UdSSR

Österreich: der Anschluss   Trotzki wird in
Mexiko ermordet
Abtretung der sudeten-deutschen Gebiete
an Deutschland: Konferenz von München

MUSSOLINI † 45
HITLER † 45

Argentinien:
Militärrevolte;
Perón Arbeitssekretär
UNO
(24.10.45)

Argentinien:
Juan D. PERON

Gründung der NATO -48
48

GRÜNDUNG DES STAATES ISRAEL

47- Stalin bricht mit Tito.
47- Staatsstreich in Prag:
die Kommunisten übernehmen die Macht

Gründung der Europäischen Gemeinschaft
für Kohle und Stahl (Montanunion),
Vorläufer der EWG
New York
UNO-Gebäude
China marschiert in Tibet ein

...en Reiches
...de Rivera errichtet die Diktatur

WIRTSCHAFT: KRISE VON 1930-LIBERALISMUS - SPANNUNGEN DEM KOMMUNISMUS GEGENÜBER - WELTAUFSPLITTERUNG: NORD - SÜD; OST-WEST

1933 - HITLER wird vom Reichspräsidenten von Hindenburg zum Reichskanzler ernannt

Spanien: Sturz Primo de Riveras 31-39 Spanien: die 2.Republik
...sche Republik
S ULTRA, Atlantiküberquerung

Italien marschiert in Abessinien ein
Oliveira Salazar, Regierungschef von Portugal

Yrigoyen gestürzt, Beginn des "patriotischen Wahlbetrugs"
Roosevelt, Präsident der USA
Argentinien:

ROOSEVELT † 45   GANDHI: ENTKOLONISIERUNG asiatischer Länder

Mao ruft die
Volksrepublik
China aus.

PAX CHRISTI
internat.
Friedensbewegung

Brasilien: Getulio Vargas kommt an die Macht
...I: Hungerstreik für den Frieden zwischen Hindus und Moslems
Mexiko: Cárdenas, Präsident
Landwirtschaftsreform, Verstaatlichung des Erdöls

EDITH STEIN† 42
Georg VI., König von England

Italien: Wahlsieg der DC 1947
Die Alliierten erlangen dieKontrolle über Nordafrika
Deutsche Niederlage in Stalingrad und Kursk

...HRISTI - 44 - FOKOLARE - 47-FRATERNITÄTEN CHARLES DE FOUCAULT-47- KIRCHE IN NOT - 48- CHRISTL. FAMILIENBEWEGUNG - 49- KURSE ÜBER DAS CHRISTENTUM

...isti   Chiara Lubich   René Voillaume   P.Werenfried van Straaten   Pedro Richards, CP   Mons. Hervás - Bonin - Gayá

Entwertung
...ische Regierung in italien.

31-KATH. AKTION: CAJ (Christl.
Arbeiterjugend) - Kath. Jugendaktion ...

29 - LATERAN-ABKOMMEN.
Gründung des Vatikanstaates

Gandhi: Salzmarsch

36 - 39
SPANISCHE MÄRTYRER

34
INTERNATIONALER EUCHARISTISCHER KONGRESS
IN BUENOS AIRES

HL. MAXIMILIAN MARIA KOLBE †41
Unerbittlicher und intoleranter
Antisemitismus in den Herzen
einiger Christen

Japanischer Angriff auf Pearl Harbor. Beginn des Kriegs im Pazifik
Italien und Deutschland erklären den USA den Krieg, und umgekehrt
Die Frauen beginnen, Kriegs- und Hilfsdienste zu leisten
Mussolini abgesetzt, Nachfolger Marschall Badoglio
Italien schließt sich den Alliierten an

**Dogma: Mariä Aufnahme
in den Himmel**

PIUS XI.

PIUS XII.

"MIT BRENNENDER SORGE"
(Verurteilung des Nationalsozialismus) 1937

"MYSTICI CORPORIS"
(Die Kirche) 1943

"HUMANI GENERIS"
(Über einige falsche Ansichten) 1950

...AS"
1925

"QUADRAGESIMO ANNO"
(Zum 40. Jahrestag der "Rerum Novarum")1931

"DIVINI REDEMPTORIS"
(Verurteilung des Kommunismus) 1937

"DIVINO AFFLANTE SPIRITU"
(Über die Heilige Schrift) 1943

"OPTATISSIMA PAX"
(Der Friede) 1945

"MEDIATOR DEI"
(Die Liturgie) 1947

Frankreich kapituliert vor Deutschland. Balkanstaaten u. Griechenland kapitulieren vor Deutschl.
Rommel erreicht Tripolis
Luftschlacht mit England - Radar

Fehlschlag der letzten deutschen Gegenoffensive
gegen Belgien

Der Papst gibt der *Missionstätigkeit* einen starken Impuls,
indem er besonders den Eingeborenenklerus fördert.
Durch die *Katholische Aktion* (1931) ruft der Papst die Laien zu
einer aktiven Teilnahme an dem hierarchischen Apostolat auf.
In Belgien beginnt der Priester Joseph Cardijn mit dem Aufbau
der Arbeiterjugend. CAJ (Christliche Arbeiterjugend).
Darauf folgt die Katholische Jugendaktion.

Zerstörung Guernicas
durch deutsche Kampfflugzeuge

Hitler marschiert in Prag ein
Italien besetzt Albanien
Hitler marschiert in Polen ein

Die Bismarck wird versenkt
ATOMBOMBE
Hiroshima - Nagasaki
Hitler marschiert in Russland ein

Hitler begeht Selbstmord

Pius XII. tat 1955 den ersten Schritt zur
Liturgiereform: Er führte eine Neuordnung
der Liturgie der Osternacht und der Karwoche
in der lateinischen Kirche durch.

**SPANISCHER BÜRGERKRIEG
1936-1939**
Sieg Francos

**ZWEITER
WELTKRIEG
(1939-1945)**
JÜDISCHER HOLOCAUST

England und Frankreich erklären Deutschland den Krieg
Hitlers Einmarsch in Holland und Belgien
Vernichtungslager in Deutschland

CHINESISCHES SCHISMA KOREAKRIEG

1946 - Beginn des Indochinakrieges
45 - Landung der Alliierten
in der Normandie

Die Nationalisten
Chinas ziehen sich
nach Taiwan zurück.

Flugmotore
(Rolls Royce)

BERTRAND RUSSELL
Literatur-Nobelpreisträger

...sen Verfolgungen aus.
...der Türkei
...ez
...ime

Graf Zeppelin fliegt um die Welt
Erste kommerzielle Fluggesellschaften

Zeitschrift LIFE   Festung (Alcázar) von Toledo

Die Alliierten befreienParis
Mussolini wird erschossen   **48 - GANDHI wird ermordet**

Nikolai HARTMANN †
(Seinsphilosoph)

...PHIE - STUMMFILM, TONFILM, FARBFILM - SCHWARZ-WEISS- UND FARBFERNSEHEN - RIESENBILDSCHIRME UND
...OBIL - LUFTFAHRT - SCHNELLZÜGE- FLUGHÄFEN - INTERKONTINENTALREISEN FÜR DIE MASSEN - RAUMFAHRT - SONNENSYSTEM WIRD GREIFBAR

Winston Churchill führt den Sieg der Alliierten herbei

...LAGEN DER MATHEMATIK (FORMALISMUS - LOGIZISMUS - INTUITIONISMUS)

...gie Bard erfindet das FERNSEHEN
...im Radio

Großeinsatz von Kampfflugzeugen

Von Neumann:
der erste Computer

Farbfernsehen (USA)

Penizillin
Walt Disney präsentiert Mickey Mouse
Lindbergh fliegt alleine über den Atlantik

Erste Fußball-Weltmeisterschaft, Sieger: Uruguay
RAVEL
Volkswagen

Erste Raketen

Fußball-Weltmeisterschaft:
Uruguay wird
Weltmeister.

...RILKE †   HUGO VON HOFMANNSTHAL †   STEPHAN GEORGE †
La Cierva erfindet den Tragschrauber in Spanien
MUSIL †   Die Deutschen werfen die V1- und V2-Raketen ab
GERHART HAUPTMANN †

1930 · 1935 · 1940 · 1945 · 1950

LIBERALISMUS
19. Jh.

1820	1830	1840	1850	1855	1860	1860	1865

Österreich: ◄—1804   F R A N Z I . (Kaiser)   35   F E R D I N A N D I . (Kaiser)   48   F

Preußen: ◄—1797   F R I E D R I C H W I L H E L M I I I .   40   F R I E D R I C H W I L H E L M I V .   61

DIE FRANZÖSISCHE RESTAURATION
BÜRGERLICHE DEMOKRATIEN

NAPOLEON †21

20- Wirtschaftsdepression und Arbeitslosigkeit in England
24- Streikrecht in England
20-23- Spanien: liberales Triennium
23- Die "100000 Söhne des Heiligen Ludwigs
fallen in Spanien ein"

34- Deutscher Zollverein
37- Viktoria, Königin von England
38 - Chartisten: Erste politische
Arbeiterbewegung
39- Preußen: Arbeitsverbot
für Kinder unter 9 Jahren
40-47 Koloniale Ausdehnung
Frankreichs in Afrika und Ozeanien
30- Julirevolution in Frankreich
35- Der "Große Treck", Exodus der Buren aus Südafrika
35- Arbeiter-Massaker in Frankreich

46-47 - Wirtschaftskrise in Frankreich: Radikalisierung
der Arbeiterschaft
51- Staatsstreich in Frankreich
48- Revolutionswelle in Europa
48- Neue Bundesverfassung in der Schweiz
48- Die Revolution von Paris
Louis Bonaparte - Staatspräsident
49- Die Römische Republik wird ausgerufen
49- Deutschland: Beginn der revolutionären sozialistischen Bewegung

55-81- Herrschaft Alexanders II. von Russland
Viktor Emanuel II.,
König von Italien
56- Friede von Paris
54-58 Abkommen mit den USA

59- 69 Bau des Suez-Kanals
60- Abtretung von Nizza und Savoyen an Frankreich
59- Ende der österreichischen
Vormacht in Italien

LINCOLN †65
67
zu
66- Frie
1869/1918- DIE D
64- Gründung der I.
64- Vollständige Russi
Landwirtschaftsref
65- Mendelsc
61- Abschaffung der Leibeigenschaft in

4. Oktober 1830- Unabhängigkeit Belgiens von Holland
31- Leopold, 1. König der Belgier
32- Polen wird russische Provinz
33- Großbritannien: Abschaffung der Sklaverei

42- Verbot der Frauenarbeit
in den Bergwerken
45-46 Hungersnot in Irland:
fast eine Million Tote

52- Plebiszit. Louis Bonaparte ernennt sich zum Kaiser Napoleon III.
Hl. Joachima Vedruna † 54
55- Konkordat Österreichs
mit dem Heiligen Stuhl

64-
Frankreich: 12-Stunden-Arbeitstag,
gesetzliches Streik- und
Vereinigungsverbot der Arbeiter
64- Gründung des R

29-
GESETZ DER
KATHOLIKENEMANZIPATION IN ENGLAND

48- Deutsche Nationalversammlung
51- General San Martín
in Argentinien

HL. Johannes Maria VIANNEY
Pfarrer von Ars † 59
zum "Patron aller Priester des Erdkreises" ernannt

Kardinal Wiser

Erneuerung des Katholizismus in Frankreich und Deutschland

GRÜNDUNG ZAHLREICHER
KRANKENHAUS-, MISSIONS- UND
SCHULKONGREGATIONEN

30- Vinzenz-Konferenzen

36 - Säkularisierung von Kirchengut
durch Mendizábal
Sel. Friedrich Ozanam † 53

DIE PRIESTER VON PICPUS IN AUSTRALASIEN,
SPÄTER AUCH IN CHILE, PERU, ECUADOR

45 - IN DEN SKANDINAVISCHEN LÄNDERN
ERHALTEN DIE KATHOLIKEN NACH UND NACH
DIE FREIHEIT ZURÜCK
46-Marienerscheinung in La Salette

55- Don Bosco gründet die Salesianer

Hl. Maria Michaela vom
Heiligen Sakrament † 65

Hl. Antonius
Clare

LEO XII.	PIUS VIII.	GREGOR XVI.	1854 - DOGMA DER UNBEFLECKTEN EMPFÄNGNIS MARIENS	Sel. PIUS

Beginn der Angriffe gegen den Kirchenstaat
KATHOLISCHER LIBERALISMUS
Verurteilung der Zeitung "L'Avenir" (Lamennais)

Viktor Emanuel II. gegen den Kirchenstaat

64 - SYLLABUS

58- Marienerscheinungen in Lourdes

28- Erster Bürgerkrieg in Portugal
34 - Massaker an Mönchen in Madrid
33-39- Erster Karlistenkrieg in Spanien
30- Frankreich besetzt Algerien

49- Französischer Heereszug zur
Verteidigung des Kirchenstaates

HL. GABRIEL VON DER † 62
SCHMERZHAFTEN
GOTTESMUTTER

62 Heiligsprechung japanisch
6

24- Schlacht bei Ayacucho:
Ende der spanischen Herrschaft auf dem
südamerikanischen Kontinent
21-29 Griechischer Freiheitskampf

OPIUMKRIEG

38   42
Hl. Peter Chanel † 41
37- Morsetelegraph
35- Der Revolver Colt
34- Elektromotor von Jacobi
39- Fotoapparat von Daguerre

47-
SONDERBUNDSKRIEG
IN DER SCHWEIZ
ZWEITER KARLISTENKRIEG
IN SPANIEN

46   48
Bolzano † 48

53- Die Türkei erklärt Russland den Krieg
KRIMKRIEG

53   56

Juan Donoso Cortés † 53
51- Erste Weltausstellung
51- Kristallpalast von London

Gauss † 55
Cauchy † 57
56- Synthetische Farbstoffe
Lobatschewsky (Mathematiker) † 56

59- Italienischer Einigungskrieg
59- 60- Spanien: Afrikakrieg

SEZESSIONSKRIEG

61   65

58- Virchow: Zellularpathologie

66- Österreich

Riemann † 66
67-
67-

Liberale Revolution von Oporto (Portugal)

29- Stephenson - DIE EISENBAHN

Francisco de Goya † 28   Krause †32

RUSSISCHE MUSIK

Glinka † 57

Mussorgski † 81

Shelley † 22   Byron † 24   W.Scott † 32   Dickens † 70

FRANZÖSISCHE LITERATUR: Victor Hugo † 85   Lamartine † 96
Chateaubriand †48   Balzac † 50   Renan † 92   Baudelaire † 67   Verlaine † 67

RUSSISCHE LITERATUR: Puschkin † 37   Gogol † 52   Dostojewski † 81   Turgenjew † 83   Tschechow † 190

Hegel † 31   D. Ricardo † 33   Malthus † 34   Hölderlin † 43   Schelling † 54 Kierkegaard † 55   Comte † 57   Schopenhauer † 60   Feuerbach † 72   Stuart Mill † 73   Littré † 81   Darwin † 82   K. Marx † 83

LUDWIG VAN BEETHOVEN † 27   Mendelssohn † 47   Schumann † 56

LATEINAMERIKANISCHE LITERATUR:

IMPRESSI

Donizetti † 48   Rossini † 68   Manzoni † 72

DEUTSCHE LITERATUR: Schiller † 05   Fichte † 14   Hoffmann † 22   Arnim † 31   Goethe † 32   Büchner † 37   Brentano † 42   Droste-Hülshoff † 48   Gotthelf † 53   Tieck † 53   Heine † 56   Eichen

Gertrudis G

M.J. DE LARRA † 37   DUQUE DE RIVAS † 65   G.A. BECQUER † 70   BRETÓN DE LOS HERREROS † 73   J. ZORRILLA † 93   **ENTWICKLUNG DER KLASSISCHEN PHYSIK:** FARADAY † 67

1820	1830	1840	1850	1855	1860	1860	1865

1900

WELTKRIEGE

1905 1910 1915 1920 1925

KAISER WILHELM II.   Reichspräsidenten: WEIMARER REPU   **Friedrich EBERT**

Reichskanzler: 1918 P. Scheidemann / G.A. Bauer / H.Müller / K.Fehrenbach / J.Wirth / W. Cuno / G. Stresemann / Wilhelm Marx / Hans Luther

1919 1920 1921 1922 1923 1924 1925 192

ab 1930: Aufstieg der Nationalsozialisten (Hitler)

Königin Viktoria†

GANDHI: Beginn der Kampagne des gewaltlosen bürgerlichen Ungehorsams

Baden Powell: Pfadfinder

BOLSCHEWISTISCHE REVOLUTION

M A R X I S M U S -
A L S S T A A T

Das Projekt Panama-Kanal wird genehmigt

Tod des Kaisers von China, Ernennung von Pu Yi (2 Jahre alt)

Untergang der TITANIC 1912 (über 1500 Opfer)

Die US-Truppen überqueren die Grenze während der Verfolgung Pancho Villas

BENITO MUSSOLINI gründet die faschistische Partei

1924- Lenin† abgelö

Erdbeben von San Francisco

1. Lufttransport der Engländer zur Versorgung Iraks

1924- Offizielle Grü

Die Coca-Cola wird in Europa eingeführt

05 - FRANKREICH: TRENNUNG VON KIRCHE UND STAAT

Argentinien: das Gesetz Sáenz Peña: allgemeines und geheimes Wahlrecht

1916- Rasputin wird von zwei Verwandten des Zars Nikolaus II. ermordet

Moskau: III. Internationale

Irland wird in Nord- und Südirland geteilt
Vertrag von Trianon: Ende des österreichisch-ungaris

Persien: erste Erdöl-Vorkommen

Zar Nikolaus II. dankt ab

Leo Trofzki: Sieg mit der Roten Armee   Spanien: Prim

Algeciras-Konferenz über die Kontrolle über Marokko (Spanien-Frankreich)

Tragische Woche in Barcelona infolge des Afrika-Krieges. Erschießung von Francisco Ferrer Guardia

PANAMA-KANAL

1918- Der russische Zar und seine Familie werden in Jekaterinburg ermordet

(1921-1925) Gespräche von Mecheln (anglikanische und katholische Theologen)

ATATÜRK: die Tü

Fertigstellung der Transsibirischen Eisenbahnlinie (7371 km)

Louis Botha erklärt die Unabhängigkeit Südafrikas

Lenin kehrt aus seinem Exil in der Schweiz nach Russland zurück

Frauenstimmrecht in den USA   P

Argentinien: Yrigoyen, Präsident

Kommunistische Partei Chinas

GAND

Schaffung des Königreichs der Serben, Kroaten und Slowenen

KATH. BEWEGUNGEN-NEUE EINRICHTUNGEN: 14-LEGION MARIENS -14-SCHÖNSTATT - 28-OPUS DEI - 28- EXERZITIEN (IGNATIUS V. LOYOLA) - 42- REGNUM

Frank Duff P. Kentenich Hl. Josemaría Escrivá de Balaguer P. Francisco de Paula Vallet Legionäre C

Hl. Maria Goretti †02

ENDE DES KLERIKALISMUS - ENGAGIERTES LAIENTUM

ENTFERNUNG DER MASSEN - SOZIALE KRISE DURCH INDUSTRIELLEN AUTOMATISMUS

Das Kanonische Recht

FRIEDE VON VERSAILLES

Die Deutsche Mark: spektakulär

Mussolini: Marsch auf Rom; 1. fasch

Russland: Spaltung zwischen Menschewiki und Bolschewiki

07- Verurteilung des Modernismus

Ende der Monarchie in Portugal Manuel II. wird abgesetzt

Ende des 2000-jährigen chinesischen Kaiserreiches. Ausrufung der Republik

DIE JUNGFRAU MARIA IN FÁTIMA 17

11. November 1918
ENDE DES ERSTEN WELTKRIEGS 10000000 TOTE.

HL. PIUS X. *"GRAVISSIMO OFFICII MUNERE"*
1906 Trennung von Kirche und Staat (Frankreich)

BENEDIKT XV.

DIE WICHTIGSTEN ENZYKLIKEN (1891-"RERUM NOVARUM") *"PASCENDI"*
ZUR KIRCHLICHEN DOKTRIN Leo XIII. 1907 Irrtümer des Modernismus
UND SOZIALLEHRE:

"QUAS PRIM
(Christkönigsfe

Ermordung des österreichischen Thronfolgers, des Erzherzogs Franz Ferdinand, in Sarajewo

Franz Joseph, Kaiser von Österreich-Ungarn, gestorben
Die Deutschen versenken die Sussex
Flottenschlacht von Jütland (England-Deutschland)

Hitler-Putsch in Deutschland

LAIZISMUS Die Sillon-Bewegung (1910 verurteilt)
MODERNISMUS AMERIKANISMUS

Schlacht an der Somme (1000000 Tote)
England setzt Panzer (Panzerkampfwagen) ein

Hungersnot in Russland: 33 Millionen

Beginn der Schlacht von Verdun -1916

Max Planck Quantentheorie

Judenermordung in Russland

09- Massaker an Armeniern

ERSTER WELTKRIEG (1914-1918)

Russland unterzeichnet den Friedensvertrag mit Deutschland und Österreich-Ungarn

Mexiko: Calles löst die relig

Die "DICKE BERTHA" bombardiert Paris

Krieg zwischen Griechenland un

Japan greift in Port Arthur (Korea) die russische Flotte an und erklärt Russland den Krieg

Revolution in Mexiko. Porfirio Díaz gestürzt; Anarchie.

Die USA erklären Deutschland den Krieg

FRANZ KAFKA †

NIETZSCHE †

Transpazifisches Telefonkabel

Einstein: Spezielle Relativitätstheorie
Frankreich: erster Hubschrauber

Roald Amundsen erreicht den Südpol

Russischer Bürgerkrieg: die Rote Armee gegen die Weiße Armee
Italien: Ausscheiden aus dem DREIBUND

Erste Autobahn der Welt

Die Zeitschrift

VERDI †

Elektrokardiograph
Rolls-Royce

1. Rundfunksendung

Schädel von Piltdown (50.000 Jahre alt)

Die Deutschen versenken die Lusitania
Kodak - Farbfilm
Erster Farbfilm

Teleskop von Mount Wilson

Louis Armstrong verankert den Je

Grab des Tutanchamun

1. Nobelpreis

Erste Picasso - Sammlung

1. Wildwest-Film

Marconi, Funksignal über den Atlantik

Henri DUNANT, Gründer des Roten Kreuzes, † 10
Kunstfaser

Debüt Charles Chaplins
Fließband von Ford

KOMMUNIKATIONSWESEN: TELEFON - RADIO - FOTOGR

Curie, Nobelpreis für Physik

Picasso kreiert den Kubismus

EXPLOSIONSARTIGER TECHNISCHER FORTSCHRITT: TRANSPORTWESEN: AUTOM

Freud: "Die Traumdeutung"

Gebrüder Wright: erster Motorflug

SPEKTAKULÄRE ENTWICKLUNG ALLER WISSENSCHAFTEN: PHYSIK (QUANTEN-UND RELATIVITÄTSTHEORIE) GRUND

Erster Mercedes Benz Diesel-Motor

1. Zeichentrickfilm (J. Stuart)

Karl May † 12
MENÉNDEZ PELAYO † 12

Lautsprecheranlage im Olympic Theatre in Chicago

Dixieland: erste Jazzschallplatten
Fernschreibverkehr 78 rpm Schallplatten

Insulin gegen Diabetes
London: tägliche Nachrichtense

Varela † USA: Spielautomaten RAABE † WIELANO † RUBÉN DARÍO † AMADO NERVO † Erster Flug über den Atlantik PUCCINI †

Einstein: Allgemeine Relativitätstheorie

DIE SOZIALE FRAGE

| 1870 | 1875 | 1880 | 1885 | 1890 | 1895 |

FRANZ JOSEPH I. (Kaiser) → 1916

71 **WILHELM I.** (König von Preußen, Kaiser von Deutschland) — Friedrich III. 88 — **WILHELM II.** (König von Preußen, Kaiser von Deutschland) → 1918

70- Frankreich: Ausrufung der Dritten Republik

Krönung Franz Josephs I. König von Ungarn von Wien

71- Kommune von Paris

71- Gründung des zweiten Deutschen Kaiserreiches: Wilhelm I. wird Deutscher Kaiser

NAUMONARCHIE

nternationalen

70- Gewaltsame Unterdrückung der Intellektuellen in Russland

ierung und m in Polen

72- Die Hawaii-Inseln gehen zum Wirtschaftsgebiet der USA über.

Gesetze

69- Kroatien erhält Autonomie

ssland

73- Wirtschaftskrise in Deutschland nach dem Wiener Börsenkrach

Diamantenfunde Oranjefreistaat

71-76 Verbreitung des Sozialismus in Portugal

73-74 1. Republik in Spanien

70 - Die Italiener erobern Rom

Rom wird italienische Hauptstadt

69 - PIUS IX. RUFT PROTESTANTEN, ANGLIKANER UND DIE ÖSTLICHEN BISCHÖFE ZUR EINHEIT AUF

en Kreuzes †

70- Einnahme des Kirchenstaates

aria Claret † 70 ner

74- Pius IX.: Den katholischen Italienern wird die politische Aktivität verboten

76- Dienerinnen des Heiligsten Herzens Jesu

75- Gründung der Sozialdemokratischen Partei Deutschlands

79- Zweibund

78- Verbot der Sozialdemokratischen Partei und der sozialistischen Presse in Deutschland

74-98 Endgültige Aufteilung Ozeaniens unter Großbritannien, den USA und Frankreich

77- Goldfunde im Transvaal

78- Sozialistengesetz in Deutschland

GARIBALDI †82

81-94- Herrschaft Alexanders III. von Russland

81- Frankreich errichtet Protektorat in Tunesien

81- Beginn der geheimen Organisation "Proletariat" in Polen

81-82- Hungersnot in Spanien

82- Großbritannien besetzt Ägypten

82- Italien tritt dem Dreibund bei

85- Schiedsspruch des Papstes in der Karolinenfrage

Hl. Soledad Torres Acosta † 87

83 - DIE KATHOLISCHE HIERARCHIE IN ITALIEN WIRD WIEDERHERGESTELLT

1885 - 1902 Spanien: Regentschaft Maria Christinas von Österreich

89- Gründung der II. Internationalen

1. Mai, Tag der Arbeit, Forderungen der Arbeiter auf Weltebene

87- Bismarcks Rückversicherungsvertrag mit Russland

1880-1914 DIE ZWEITE INDUSTRIELLE REVOLUTION

John Henry Newman † 90

HL. JOHANNES BOSCO † 88 Gründer des Salesianerordens

Karl von Hefele † 93

BISMARCK † 98

93- Gründung der Sozialistischen Arbeiterpartei Italiens

Entwicklung des industriellen Antiklerikalismus

95- Allgemeine Arbeitervereinigung (CGT, französischer Gewerkschaftsbund)

Allgemein verbreitetes Vereinswesen

Das Proletariat

98- Friede von Paris

Kinderarbeit

Entstehung der Arbeiterklasse

Hl. Theresia von Jesus (Teresa Jornet e Ibars) † 97

Hl. Therese von Lisieux † 97

IX.

69 - 70 20. **1. VATIKANISCHES KONZIL**

RRORUM

Hl. Karl Lwanga und Gefährten † 77

Märtyrer Gründung der Weißen Väter

ch-italienischer Krieg

73 - DAS CHRISTENTUM WIRD IN JAPAN ERLAUBT

Unfehlbarkeitsdogma des Papstes 70- Hl. Josef, Schutzpatron der Weltkirche

70-71- Deutsch-französischer Krieg

DRITTER KARLISTENKRIEG IN SPANIEN

72 76

ahlbeton von Monier arx: "Das Kapital"

DAS TELEFON

David Strauss † 74

Tschaikowski † 93

"HUMANUM GENUS" (Freimaurertum) 1884

"NOBILISSIMA GALLORUM" (Frankreich) 1884

Altkatholiken

77-78 Russisch-türkischer Krieg und Frieden von San Stefano

82- Großbritannien besetzt Ägypten

83- Stevenson: "Die Schatzinsel"

81- Geburt Picassos

79- Elektrische Lokomotive von Siemens

BALKANKRIEG

77 78

76- Viertaktmotor von Otto

76- Telefon von Gray

77- Phonograph von Edison

Wagner † 83

"IMMORTALE DEI" (christl. Verfassung des Staates) 1885

LEO XIII.

86 - DIE MÄRTYRER VON UGANDA

85- Automobil von Daimler-Benz

BEGINN DES ATHEISMUS IN DEN KREISEN DER INDUSTRIEARBEITER

ENDE DES VON BISMARCK INS LEBEN GERUFENEN KULTURKAMPFES GEGEN DIE DEUTSCHEN KATHOLIKEN

DARWIN: "DIE ENTSTEHUNG DER ARTEN"

Liszt † 86

ZEITUNGEN

"RERUM NOVARUM" (Kath. Sozialllehre) 1891

DAS AUTOMOBIL

PASTEUR † 95

PROVIDENTISSIMUS DEUS (Heilige Schrift) 1893

ORIENTALIUM DIGNITAS (Ostkirchen) 1894

99- Burenkrieg

94- Japanisch-chinesischer Krieg

97- Griechisch-türkischer Krieg

98- Spanisch-nordamerikanischer Krieg

95- Kinematograph von Lumière

95- Elektronentheorie von Lorentz

95- Drahtlose Telegraphie von Marconi

95- Diesel-Motor

98- Studien zur Radioaktivität des Ehepaars Curie

WIENER WALZER:

Johann Strauss (Sohn) † 1899

Rachmaninow † 1943

Prokofjew † 1953

| Dvorak † 1904 | Rimski-Korsakow † 1908 | Balakirew † 1910 | Tanejew † 1915 | Glasunow † 1936 | Tolstoi † 1910 |

SPANISCHE OPERETTE: Barbieri † 94 - Chueca † 1908 - Chapí † 1909 - Bretón † 1923 - J. Guerrero † 1951 - Moreno Torroba † 1982 - Sorozábal † 1988 - Amadeo Vives † 1932

NISMUS: Manet † 83 Cézanne † 1906 Monet † 1926 Renoir † 1919

mez de Avellaneda (Cuba) † 73 José Hernández - Martín Fierro (Argentinien) † 86 Rubén Darío (Nicaragua) † 1916 José Martí (Cuba) † 95 Amado Nervo (Mexiko) † 1919

orff † 57 Gebrüder Grimm † 59 / 63 Stifter † 68 Mörike † 75 G.Keller † 90 T. Fontane † 98

Maxwell † 79 Hertz † 94 Boltzmann † 1906

| 1870 | 1875 | 1880 | 1885 | 1890 | 1895 |

21. JAHRHUNDERT

(1992-2004) | 04 | Heinz FISCHER
Johannes RAU | Horst KÖHLER | 30-06-10 Christian WULFF | 12-02-12 Joachim GAUCK
hard SCHRÖDER | 05 | Angela MERKEL (Erste Bundeskanzlerin)

Weltwirtschaftskrise

SPANIEN: ETA bricht die monatige Waffenruhe. Die spartei gewinnt die Wahlen mit absoluter Mehrheit.

Die UNO dankt der Kath. Kirche für ihre Arbeit zur Rettung von Soldaten im Kindesalter

SPANIEN: Die "Prestige", Öko-Katastrophe

Spanien: Illegalisierung von Batasuna

Hochzeit des Prinzen von Asturien und Letizia

EUROPA:Referend. Europ. Verfass. Frankreich u. Niederl. sagen NEIN

SPANIEN:Massive Immigration

ARGENTINIEN: Cristina Fernández, Präsidentin

CUBA: Fidel Castro verzichtet nach 49 Jahren auf die Machtausübung. Sein Bruder Raúl nimmt seinen Platz ein.

SPANIEN: "BOE" (Regierungsblatt) digital SPANIEN: Befreiung des bask. Fischereiboots Alakrana, von somalischen Piraten gefangen

EUROPA: Chaos im Luftverkehr durch die dichte Vulkanaschewolke des Eyjafjöll (Island)

TUNESIEN: Heftige Volksproteste bewirken den Sturz des Diktators Ben Ali

(24-02-2013) Frankreich: François Hollande

RUSSLAND: Putin, Präsident | LE: Ricardo Lagos, Präsident

MEXIKO: Präsident Fox, Sieg der Demokratie

BRASILIEN: Lula Da Silva, Präs.

MAROKKO:Mohammed VI., König

ARGENTINIEN: Kirchner, Präs.

USA: Wiederwahl des Präsidenten Bush

Hurrikan Katrina verheert New Orleans

PALESTINA: Hamas siegt bei den ersten Wahlen

Katalonien: "Estatut" angenommen

Große Sorge wegen des Klimawechsels und der Erwärmung des Planeten

Lissabon-Vertrag tritt in Kraft

BRASILIEN: Dilma Rousseff, erste Frau als Präsidentin

Domino-Effekt der Tunesischen Revolution erreicht Marokko, Algerien, Ägypten, Syrien, Bahrain und Jemen.

(30-06-2012) ZYPERN: Nikos Anastasiadis, Präsident

Ägypten: Mohamed MORSI, Staatspräsident

g im Mittleren Osten von der Türkei bis zum Iran

George W. Bush, Präsident

TÜRKEI: neues Zivilgesetz für Gleichheit zwischen den Eheparntnern

Asiatische Pneumonie, erste Epidemie des 21. Jh.

IRAN: Mahmud Ahmadinedschad, Ultra-konservativ, Präsident

FRANKREICH: Krise im Zusammenhang mit massiven Protesten von Jugendlichen

USA:Barack Obama, 44. Präs.

VEREINIGTES KÖNIGREICH: Der Konservative David Cameron, Premier

CHILE: spektakuläre Rettung von 33 Bergleuten, die 2 Monate in 622 m Tiefe verschüttet waren

Der Volksaufstand erreicht Libyen: Starke Repression seitens der Demonstranten. Die Gaddafi-Kräfte gegen die Demonstranten. UN-Sicherheitsrat greift militärisch ein, um die libysche Zivilbevölkerung zu schützen.

(05-03-2013) Venezuela: Präsident Hugo Chávez stirbt. †

(08-11-2012) U.S.A.: Barack OBAMA 2. Amtszeit

ECUADOR: Staatsstreich

VENEZUELA: Staatsstreich

Der EURO kommt in Umlauf.

Massive Antikriegsproteste weltweit

CHILE: Michelle Bachelet, Präs.

PERU: Alán García, Präsident

DEUTSCHLAND:Bemühungen, über die EU-Verfassung Einigung zu erzielen.

Investitionsbank Lehman Brothers bankrott. Beginn der weltweiten Wirtschafts- und Finanzkrise.

Venezolanische Regierung greift ins Bankwesen ein.

Öko-Katastrophe: Öl strömt im Golf von Mexiko aus.

(09-03-2013) KENIA: Uhuru Kenyatta, Präsident

CHILE: Pinochet verliert Immunität

AFGHANISTAN richtet die Todesstrafe für Missionare ein

AIDS verbreitet sich.

IRAN: Saddam Hussein verhaftet

ISRAEL: Beginn des Baus einer Trennmauer als Abgrenzung von den Palestinensern

Jassir Arafat †

BOLIVIEN: Evo Morales, Präs.

CUBA: Fidel Castro krank, delegiert seine Macht

FRANKREICH: Nicolas Sarkozy, Präsident

USA: Verabschiedung des Ex-Präsidenten Gerald Ford

G-20: Versuch globaler Maßnahmen zur Überwindung der Weltwirtschaftskrise Der Kosovo wird Staat.

URUGUAY: J. Mújica, Präs.

CHINA WIRD ZUR 2. WIRTSCHAFTSMACHT DER WELT

(01-12-2012) Mexiko: Enrique PEÑA, Präsident

Papst-Attentat amnistiert

CHILE schließt sich den 108 Ländern an, die die Todesstrafe abgeschafft haben.

Concorde-Unfall

ARGENTINIEN: ("Corralito", Beschränk. des Bargeldumlaufs) Große Wirtschaftskrise: Regierung von De La Rua gestürzt

DEN HAAG: Der Internat. Strafgerichtshof nimmt seine Arbeit auf.

2. April 2005 Johannes † Paul II. stirbt

Benazir Bhutto † Brutale Ermordung der Ex-Premierministerin von Pakistan

BRASILIEN: Gründung der Union Südamerikanischer Nationen

HONDURAS: Staatsstreich Zelaya von Micheletti abgesetzt Porfirio Lobo schließt. rechtmäßig zum Präs. gewählt

Falscher Alarm für Grippe A als weltweite Pandemie

USA: B. Obama erreicht die Billigung der Gesundheitsreform (Krankenversicherung für alle)

Schwerste Wirtschaftskrise in Griechenland u. Irland Europa kommt zu Hilfe.

Rücktritt Benedikts XVI. (28-02-2013)

"Jeder von uns ist Frucht eines Gedankens Gottes." (Rom: Predigt vom Sonntag, 24. 04. 2005, Tag seiner Amtseinführung)

JERUSALEM: 2. Intifada

RU: Ende der Ära Fujimori

nglück in dem russischen oot K-141 Kursk (118 Tote)

Spanien und Großbritannien handeln Abkommen über die Souveränität Gibraltars aus.

Blutbad in Schule von Beslan: über 300 Tote, hauptsächlich Kinder

Asien unter dem Tsunami: Katastrophe, die sich auf die Küsten aller umliegenden Länder auswirkt. Über 300000 Opfer

KOLUMBIEN:Ingrid Betancourt aus FARC-Geiselhaft befreit

Definitive Anerkennung der Statuten des Neokatechumenalen Wegs

SELIGSPRECHUNG JOHANNES PAULS II. (Tausende von Gläubigen verfolgen den feierlichen Akt auf dem Petersplatz und Millionen weltweit über Radio und Fernsehen.)

r Papst pilgert ins Hl. Land. Der Papst besucht Fátima (Portugal) und Ägypten.

Der Papst unterschreibt das Apostolische Schreiben "Novo Millennio Ineunte".

Spanien und die Ukraine Weitere apostol. Reisen des Hl. Vaters in Länder des Ostens u. in Länder mit kleinen kath. Gemeinden

Kardinal Rouco Varela, zum Vorsitzenden der Spanischen Bischofskonferenz wiedergewählt Der Papst zelebriert zum 1. Mal in 24 Jahren nicht selbst die Palmsonntagsmesse.

POLEN: Rücktritt des Bischofs von Warschau - Die Bischöfe nehmen zur unausweichlichen Verpflichtung neu Stellung.

Prás. von Polen Lech Kaczynski †

Erster Papst in der neueren Geschichte, der aus freiem Willen von seinem Amt zurücktritt.

Aufrufe zum FRIEDEN

Seligsprechung von Mutter Theresa von Kalkutta

Gründung der Südamerikanischen Staatengemeinschaft in Cuzco

PAULUSJAHR | JAHR DES PRIESTERS | HEILIGES JAKOBUSJAHR

PAPST FRANZISKUS

26 Jahre Pontifikat, das drittlängste in der Geschichte des Papsttums
Starkes Zeugnis Johannes Pauls II. auf seinen Reisen durch die Welt trotz seiner angegriffenen Gesundheit

BENEDIKT XVI.

"DEUS CARITAS EST" (Christliche Liebe) 2005 | "SPE SALVI" (Die Hoffnung als Heil) 2005 | "CARITAS IN VERITATE" (Entwicklung des Menschen)2009

13-03-2013

"ECCLESIA DE EUCHARISTIA" (Die Kirche lebt von der Eucharistie) 2003

15. WJT 2000 Rom
...as Wort ist Fleisch geworden u. unter uns gewohnt" (Joh 1,14)
st Johannes Paul II. spricht äpste Pius IX. und Johannes XXIII. selig
CHETSCHENIEN: Harte Kämpfe
NON: Gewalttätige Angriffe Israels
ZAMBIQUE: Katastrophale Situation
ANDA: Serienmassaker in einer Sekte
SCHMIR: Indische Offensive
ffnung der Weltausstellung in Hannover
Carl Barks † 2000
eicher der Donald Duck- Figur)
Kim Dae-Jung, Friedensnobelpreis
Olympische Spiele in Sydney

16. WJT
Diözesane Veranstaltungen Palmsonntag-2001
"Wer mein Jünger sein will, der verleugne sich selbst, nehme täglich sein Kreuz und folge mir nach." (Luk 9,23)
TERRORISMUS: 11. September
BEGINN EINER NEUEN INTERNATIONALEN TERRORISMUSWELLE
Internationaler Skandal wegen der Behandlung der Taliban-Kriegsgefangenen
MILOSEVIC vor Gericht in Den Haag wegen Kriegsverbrechen
Die EU setzt die USA unter Druck, damit diese das Kyoto-Protokoll unterschreibt.
Raumstation MIR stürzt nach 15 Jahren Einsatz in den Ozean.
Prinz von Liechtenstein, Friedenspreis des Hl. Stuhls
Zwillingstürme in New York stürzen ein

17. WJT 2002 TORONTO
"Ihr seid das Salz der Erde...Ihr seid das Licht der Welt." (Mat 5,13-14)
Königinmutter Elisabeth von England stirbt im Alter von 101 Jahren
Krieg im Irak. Die USA und ihre Alliierten greifen Bagdad an. Nach monatelanger Verfolgung Gefangennahme Saddam Husseins
Die "Columbia" verglüht beim Eintritt in die Erdatmosphäre.
Massaker in der Demokratischen Republik Kongo
Leon Uris † 2003 (Autor von Exodus u. Topas)
Gregory Peck † 2003
Japan: 1. künstliches Auge

18. WJT
Diözesane Veranstaltungen Palmsonntag-2003
"Siehe, deine Mutter!" (Joh.19,27)
Papstreise nach Madrid 5 neue Heilige
Madrider Zugschläge
S. Ferlosio erhält den Cervantes-Preis Marlon Brando † 2004
Letzter Linienflug der Concorde
Humangenomprojekt abgeschlossen
Brasilien: Fußballweltmeister

19. WJT
Diözesane Veranstaltungen Palmsonntag-2004
"Wir möchten Jesus sehen" (Joh 12,21)
INDONESIEN: Homo Floresiensis auf der Insel Flores gefunden
XXVIII. Olymp. Spiele in Athen
Ermordung Hariris beschleunigt den Abzug syrischer Truppen aus dem Libanon
Al-Qaida-Attentat in London
BOLIVIEN: Verstaatlichung der Kohlenwasserstoffe
TSCHETSCHENIEN: Russische Armee ermordet den Führer Maschadow
Rainer von Monaco †
Harold Pinter, Nobelpr. für Lit.
Fernando Alonso, Formel-1-Weltmeister
Spanien gewinnt Davis-Cup Nani Rom gewinnt "Dakar".

20. WJT 2005 KÖLN
"Wir sind gekommen, um ihn anzubeten." (Mat 2,2)
IRAK: Erste Wahlen. Verfassung angenommen
IRA: Ende des bewaffneten Kampfs
IRAK: SADDAM HUSSEIN verurteilt und hingerichtet
Reaktion der Moslems auf beleidigende Karikaturen
SPANIEN: ETA-Attentat in Terminal 4 des Madrider Flughafens
Guernica: 25. Jahrestag
Pluto ist nicht der Planet Spanien Basketballweltmeister
Fernando Alonso, Doppelweltmeister Formel 1

21. WJT
Diözesane Veranstaltungen Palmsonntag-2006
"Dein Wort ist meinem Fuß eine Leuchte, ein Licht für meine Pfade." (Sal 118[119],105)
SPANIEN:1. Papstbesuch Weltfamilientag Verteidigung der Ehe
SOMALIA: "Die Kriegsherren" legen die Waffen nieder
Luciano Pavarotti † 2007
Ryszard Kapuscinski † 2007 (Berühmter polnischer Journalist, Eminenz in Sachen Moral)
Anthropologischer Fall: In Kambodscha wird "die Dschungelfrau" gefunden
Mstislaw Rostropowitsch † (größter Cellist seiner Generation)

22. WJT 2007
Diözesane Veranstaltungen Palmsonntag-2007
"Wie ich euch geliebt habe, so sollt auch ihr einander lieben." (Joh 13, 34)
Massenseligsprechung: 495 spanische Märtyrer
SPANIEN: Schnellzug "AVE" verbindet Barcelona, Málaga und Valladolid
Weltausstell. Saragossa
XXIX. Olymp. Spiele in Peking London für 2012 gewählt
Boby Fischer †
Paul Newman †
Größter Teilchenbeschleuniger der Welt hergestellt

23. WJT 2008 SYDNEY
"Ihr werdet die Kraft des Heiligen Geistes empfangen, der auf euch herabkommen wird, und ihr werdet meine Zeugen sein" (Apg 1,8)
Papstreise nach Lourdes zum 150. Jahrestag der Erscheinungen
RUSSLAND: Südossetien macht sich unabhängig und erfährt brutale Repressionen.
Erdbeben in L'Aquila
Michael Jackson † (König des Pops)
Offizielle Beerdigungsmesse für Victor Jara (1973 in Chile ermordet)
Ángeles Caso, Planeta-Preis (Gegen den Wind)
Barack Obama (Friedensnobelpreis)

24. WJT
Diözesane Veranstaltungen Palmsonntag-2009
"Wir haben unsere Hoffnung auf den lebendigen Gott gesetzt" (1. Tim 4,10)
Papstreise nach Afrika, ins Hl. Land u. in die Tschech. Republik
Erdbeben in Haiti (Stärke 7,3) 316000 Opfer Die Welt kommt zu Hilfe.
Wikileaks-Skandal (Tausende von Geheimdokumenten werden enthüllt)
Carlos Sainz gewinnt die "Dakar"
J.D. Salinger † (Der Fänger im Roggen)
Dubai: Burj Khalifa eröffnet (Höchster Wolkenkratzer der Welt. 828 m)
Erste synthetische Zelle
Motorsport: Spanien holt den Titel José Saramago †
J.A. Samaranch † (Präs. des Intern. Olymp. Komitees)
Fußball-WM in Südafrika: Spanien Weltmeister

25. WJT
Diözesane Veranstaltungen Palmsonntag-2010
"Guter Meister, was muss ich tun, um das ewige Leben zu gewinnen?" (vgl. Kol 2,7)
Erdbeben und Tsunami in Japan (Stärke 8,9): Tausende von Toten und Verletzten. Atomalarm
Bin Laden (Gründer des terrorist. Al-Qaida-Netzes) wird von US-Kräften in Pakistan erschossen.
Zwei Erdbeben in Lorca (Spanien) (9 Tote und tausende obdachloser Familien)
(06-08-2012) Selbstständiger Roboter erforscht den Mars
(31-10-2012) 500-jähriges Bestehen der Sixtinischen Kapelle

26. WJT 2011 MADRID
"Verwurzelt in Jesus Christus und auf ihn gegründet, fest im Glauben"
Jorge Mario Bergoglio wird Papst Franziskus.
Erster lateinamerikanischer Papst und erster Jesuit in der Geschichte, der auf den Stuhl Petri steigt.
Vor 150 Jahren erschien zum ersten Mal "Die Elenden" von Victor Hugo.
2013, Internationales Jahr der Zusammenarbeit im Bereich Wasser
Entdeckung des Planetensystems Kepler-11.
Severiano Ballesteros † (Größter span. Golfspieler)
Mario Vargas Llosa (Nobelpreis für Literatur)
Ernesto Sábato †
XVII. Olympische Spiele in London

1951   1955   1960   1965

Österreich: Bundespräsidenten: **T h e o d o r   K Ö R N E R** 57 | **A d o l f   S C H Ä R F** 65 | **Fr**
BRD: Bundespräsidenten: **T h e o d o r   H E U S S** (49-59) 59 | **H e i n r i c h   L Ü B K E** 63 **Ludwig ERHARD** 66 **Kurt G. KIESING**
Bundeskanzler: **K o n r a d   A D E N A U E R** (49-63)
DDR: Staatsoberhäupter: **W i l h e l m   P I E C K** (49-60) 60 | **W a l t e r   U L B R I C H**

F r a n c o - D i k t a t u r   i n   S p a n i e n (1939-1975)
Pakt von BAGDAD-55
17.6.53- Arbeiteraufstand in der
DDR, von der Roten
Armee niedergeschlagen
(Tag der deutschen Einheit 1954-1990)
Anti-Atom-Manifest der Wissenschftler
55-
Warschauer Pakt
51-BALDUIN König von England
52-Elisabeth II. Königin von England
Neutralisierung Österreichs
52-HUSSEIN König von Jordanien
Abkommen zwischen den USA und der UdSSR
Entspannungspolitik der UdSSR   Entstalinisierung der UdSSR
Eisenhower 34. Präsident der USA
55-
Argentinien: Juan D. PERON gestürzt

ENTKOLONISIERUNG AFRIKANISCHER LÄNDER:
(56-Marokko, Tunesien. 58-Ghana und Malaysia, 62- Algerien und weitere 17 afrikanische Länder)
57-Ideologische Öffnung CHINAS.   CUBA: FIDEL CASTRO
Französisch-britische Kolonialherrschaft wird schwächer
58-N.Chruschtschow, Ministerpräsident der UdSSR
Frankreich: Fünfte Republik; de Gaulle Präsident   61-J. F. Kennedy,
58-VEREINIGTE ARABISCHE REPUBLIK (Ägypten u. Syrien)   Präs. der USA
58-
IRAK: König FAISAL ermordet,   59-Treffen Eisenhowers mit Franco in Madrid
Ausrufung der Republik   Brasilia, Hauptstadt von Brasilien

Errichtung der BERLINER MAUER

Nehru † 64 -1. Ministerpräsident Indiens
62-G.Pompidou, Premierminister von Frankreich   66-Indira Gandhi, Premierministerin
USA u. UdSSR: Atomteststopp. Moskauer Abkommen   67-Ceaucescu Staatsprä
Cuba aus der OAS ausgeschlossen   König Konstantin v. Grie
Ermordung des Präs. Südvietnams: DIEM   65- Präsident C. de Gaulle wiedergewählt
62-USA und UdSSR: CUBA-Krise   ÖFFNUNG DES OST
China:
Abkommen zwischen Ungarn   66-Große Kulturrevoluti
und dem Heiligen Stuhl   Pa
Studenten
66-Argentinien: Präs. Arturo Illia a

ERSTE UND DRITTE WELT - KONZENTRATION DES REICHTUMS - IMPERIALISMUS DER BANKEN - WAFFENHANDEL - -WIRTSCHAFTSTERRORISMUS: E
WELTFRIEDENSKONGRESS (OST-BERLIN)
Stalin stirbt 57   Erdöl in Libyen entdeckt
1957 Heirat zwischen Rainer von Monaco und Grace KELLY   60-
1. WELTKONGRESS FÜR DAS LAIENAPOSTOLAT   Erzbischof von Canterbury besucht JOHANNES XXIII
Sekretariat für die Einheit der Christen
56-PIUS XII. erlaubt die schmerzlose Geburt
50- MISSIONARINNEN DER NÄCHSTENLIEBE - 54- KOMMUNION UND BEFREIUNG - MARIANISCHE KONGREGATIONEN, GCL-
Selige Mutter Theresa von Kalkutta   Luigi Giussani   Gesellschaft Jesu
Säkularinstitut Cruzadas de Santa María
52-Eucharistischer Kongress (Barcelona)   Milicia de Santa María (Apostol. Jugendbewegung)
54-Arbeiterpriesterbewegung in Frankreich   Tomás Morales SJ.
Konstantinopel und Moskau: Versöhnung
55-Liturgiereform der OSTERNACHT und KARWOCHE
1953-Konkordat zwischen Spanien und dem Hl. Stuhl   57-Erscheinung der JERUSALEMER BIBEL   58-Beginn des Flüchtlingsjahres

3 Astronauten de
21. ÖKUMENISCHES KONZIL
2.VATIKANISCHES KONZIL
Abkommen von TASCHKENT: Indie
Großbritannien: Homosexualit
-64- NEOKATECH
Kiko Argüello - Carmen H
BEGINN DER VERSAMMLUNGEN
66-Treffen Pauls VI. mit Gromyko,
BEGINN DER APOST

PIUS XII.   # SEL. JOHANNES XXIII.

"POPULORUM PROG
(Entwicklung der Völke
"HAURIETIS AQUAS"   "FIDEI DONUM"   "MATER MAGISTRA" "PACEM IN TERRIS" "ECCLESIAM SUAM" "MYSTERIUM FIDEI" "SACERDOTALIS CA
(Heiligstes Herz Jesu) 1956   (Mission) 1957   (Soziallehre) 1961   (Friede auf Erden) 1963   (Kirche im Dialog) 1964   (Eucharistie) 1965   (Zölibat der Prieste
Gründung der CELAM- 54   61-Neu-Delhi:
(Lateinamerikanische Bischofskonferenz)   54- Illinois:2. Vollversammlung des Ökumen.   Amerikanische Bischöfe: 3. Vollversammlung des Ökumen. Rats der Kirchen
Rats der Kirchen   "Pastoralbrief gegen den Rassismus"   (Jesus Christus, das Licht der Welt)   64-Paul VI. besucht das Heilige Land   67- "CHE" Guevara in Bolivi
(Christus, die Hoffnung der Welt)
GEGENZEUGNIS VON CHRISTEN VERSTÄRKT DEN ZUNEHMENDEN ATHEISMUS   68-M
51- Chinesisches Heer marschiert in Lhasa (Tibet) ein   Kirchenverfassung und patriarchale u. synodale Ordnung-57   58- P. Lumumba (Kongo) ermordet   Reform des Gottesdienstes   1967-(Sechstage
56-Einmarsch der UdSSR in Ungarn   59-Dalai Lama verlässt Tibet   Pastoralkonstitution "Gaudium et Spes"   Israel-Palesti
Wasserstoffbombe (USA 1.11.1952)   Krieg in Algerien   62-Adolf Eichmann hingerichtet (Israel)   China zündet seine 1. Atombombe
(54-62)   Ägypten: franz.-brit.- israelischer Angriff   60-1. französische Atombombe   (Verantwortlicher der "Endlösung")   PAUL VI. in der UNO
Ende des Krieges in INDOCHINA (20.7.1954)   62-Marilyn Monroe † 63-Dallas: Präs.Kennedy ermordet

ZEITALTER DES BILDES- VERBREITUNG DER ELEKTRONIK - TECHNOLOGISCHE ENTWICKLUNG: ANGEWANDTE KYBERNETIK - MIKRORECH
Elektrizität durch Atomenergie   CinemaScope   "Nautilus"   Ära des Videos und des Videotelefons   Kopiermaschine fürs Büro   61-Yuri Gagarin (UdSSR)   Instamatic-Kassetten u. -Kameras   1. sowjet. Mondlandung   68-1. Überschallpa
Synthet. Fasern   Video und Cinerama   (1. Atom-U-Boot)   Elektrische Uhr   1. künstlicher Satellit (UdSSR) "Sputnik"   Beginn des   1. Mensch im Weltall   Anwendung der LASERSTRAHLEN   flugzeug (
Leuchtstoffröhren   Transistorradio   Überschallkampfflugzeug (USA)   Assuan-Staudamms   Lebertransplantationen am Menschen   1. Kopplung im Weltall   Miniaturfernse
Radiocarbonmethode   Stereoschallplatten   59- Atomar angetriebenes Schiff: Industrieroboter (USA)   1. Fotografie vom MARS (USA)
Impfung gegen Kinderlähmung des Dr. Salk   Kernkraftwerk (UdSSR)   Sputnik 2   Eisbrecher "Lenin" (UdSSR).   1. Kommunikationssatellit für TV (Telstar, USA).   1. Farbfernsehüber
Künstliche Lunge und Herz   (Laika, 1. Lebewesen im Orbit)   Chlorophyllsynthese   Thaliodomid: Missbildungen bei Föten   DIE BEATLES   aus dem All (
52-F. Mauriac, Nobelpreis für Literatur   56-J. R. Jiménez, Nobelpreis für Literatur   1. Nordamerikaner im Erdumlauf   Mary QUANT u. Courrèges:
Erste offene Herzoperation   Gabriela Mistral † 57   Erste Herztransplantation   J.P.SARTRE, Nobelpreis für Lit. (verzichtet auf den Preis)   Der Minirock
Giovanni Papini † 56   von Tier zu Mensch   DNA-Struktur: Crick und Watson   1. Herztransplantation am Me
André Gide † 51   ELVIS PRESLEY: Geburt des Rocks   ("Das Leben Christi") Orale Impfung gegen Kinderlähmung: Albert Sabin   Konkrete und elektronische Musik   64-Martin L. King, Friedensnobelpreis   Konzeptkunst: Oppenheim, NAUMANN
Geschlechtsumwandlung durch Operation   A.Fleming † 55   Diego Rivera † 57 (mexikanischer Wandmaler)   TIROS-1 (USA)   (für seinen Einsatz für die Bürgerrechte)   Verankerung der Optischen Ku
52-Dr. Albert Schweitzer, Friedensnobelpreis   (Penizillin)   Anti-Babypille   1. Wettersatellit   (Op-Art) Victor Vasarely
(Theologe, Musiker, Philosoph und Arzt)   58- P. Georges PIRE, Friedensnobelpreis   Erste Frau im Weltall (UdSSR)   Elia Kazan
Linus PAULING. Nobelpreis für Chemie-54   Albert Einstein † 55   (Apostel der Flüchtlinge)   M. Antonioni: "Die Unbezwingbaren"   GARCÍA MÁRQUEZ: 68-
(Eigenschaften des Vitamins C gegen Erkältung)   J. Ortega y Gasset † 55   55-Salvador DALÍ   Toscanini † 57   58-   "Liebe 1962"   64- "100 Jahre Einsamkeit"
51- P. Lagerkvist, Nobelpreis für Literatur   (Philosoph u. Schriftsteller)   "Das letzte Abendmal"   Fußball-WM: Mondfotographien (Lunik III) UdSSR   62-Fußball-WM: Brasilien Weltmeister   Olymp. Spiele in Tokio im Fernsehen übertragen   67-Miguel Ángel Asturias,
(Barabbas)   53-George C. MARSHALL, Friedensnobelpreis   Brasilien Weltmeister   Albert Camus † 60   Dag Hammarskjöld, Friedensnobelpreis   63-Rotes Kreuz 100jähr. Bestehen: Friedensnobelpreis   66-Fußball-WM, England Weltmeis

ENDE DES JAHRTAUSENDS

2000

| | 1986 | 1987 | 1988 | 1989 | 1990 | 1991 | 1992 | 1993 | 1994 | 1995 | 1996 | 1997 | 1998 | 1999 |

Österreich: Bundespräsidenten: 86 ◄── Kurt WALDHEIM 92 Thomas KLESTIL

BRD: Bundespräsidenten: 84 ◄── Richard von WEIZSÄCKER 94 Roman HERZOG 99 Jo...
Bundeskanzler: 82 ◄── Helmut KOHL 98 Ge...

DDR: Staatsoberhäupter: Erich HONECKER 89 E. KRENZ M. GERLACH — 1990-VEREINIGUNG DER BEIDEN DEUTSCHEN STAATEN

PHILIPPINEN: Corazón Aquino, Präsidentin

FRANKREICH: Chirac, Premierminister

Spanien und Israel nehmen diplomat. Beziehungen auf

CHILE: Attentat auf Pinochet

Extreme Verarmung im Osten Europas

Endgültige Krise des Kommunismus und Zerfall der UdSSR

1987-Gorbatschow verleiht der UdS SR ein neues Bild: Perestroika und Glasnost

VENEZUELA: C. Andrés Pérez ,Präs.

TUNESIEN: Präs. auf Lebenszeit Habib Bourguiba abgesetzt, Nachfolger Zine el-Abidine Ben Ali

ÄQUATORIALGUINEA: Teodoro Obiang, Präsident

König Hussein tritt Westjordanien an Palestina ab

Zusammenstöße in Mekka zwischen iranischen Pilgern u. den arabisch. Sicherheitskräften

SPANIEN: Generalstreik

Die SCHWEIZ liefert Licio Gelli, Großmeister der Freimaurerloge, aus.

SPANIEN: Kampagne der Bischöfe für Kirchensteuer

Johannes Paul II. beendet die Reise durch Uruguay, Bolivien, Peru und Paraguay

Pastoralbesuch Johannes Pauls II. in den USA

USA:G. Bush gewinnt die Wahlen

RUSSLAND: Probleme mit baltischem Nationalismus

ECUADOR: Rodrigo Borja,Präs.

1989-Gipfeltreffen in Malta zwischen G. Bush und Gorbatschow, ENDE DES KALTEN KRIEGS

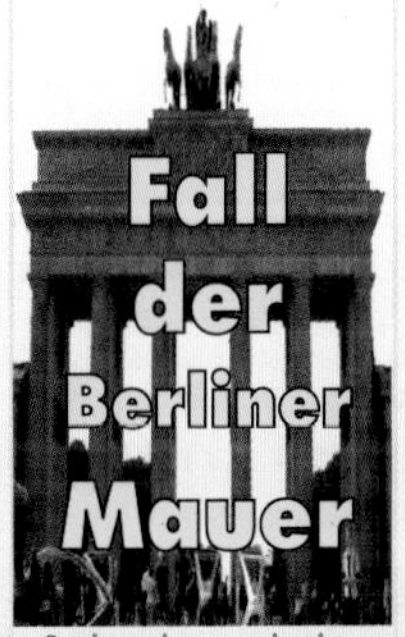

Fall der Berliner Mauer

Gorbatschow und seine Frau besuchen Joh. Paul II.

Krise der östlichen Länder

RUSSLAND: Boris Yeltsin, Präs.

Lettland verlangt die Unabhängigkeit

BERLIN: jüdischer Weltkongress

ALGERIEN: Sieg der islamischen Heilsfront

SLOWENIEN und KROATIEN erklären ihre Unabhängigkeit

Der VATIKAN nimmt diplomat. Beziehungen zur UdSSR auf.

Pastoralreisen nach Mexiko, Malta und Afrika

Joh. Paul II. spricht 12 Ordensleute, Märtyrer des Span. Bürgerkriegs, selig.

RUSSLAND: Gorbatschow zieht sich aus der Politik zurück

Georgien als unabhängige Republik ausgerufen

BERLIN, nach 40 Jahren Hauptstadt Deutschlands

Unabhängigkeit Litauens, Estlands und Lettlands wird anerkannt Die UdSSR wird als Land endgültig aufgelöst. Schaffung der GUS

VERTRAG VON MAASTRICHT, Gründung der Europäischen Union

Strenges Dokument der spanischen Bischöfe gegen die Abtreibung

Der Papst zeigt die Situation des "Neopaganismus" in verschiedenen Bereichen der spanischen Gesellschaft an.

FRANKREICH: Edouard Balladur, Premierminister

ISRAEL: Sieg der Arbeiterpartei (Jitzchak Rabin)

ITALIEN: Oscar Scalfaro , Präs.

SPANIEN: Wiederwahl Felipe González'

GRIECHENLAND: Papandreou, Regierungschef

BELGIEN: König Balduin † Thronbesteigung Alberts II.

BOSNIEN-HERZEGOWINA erklärt sich unabhängig

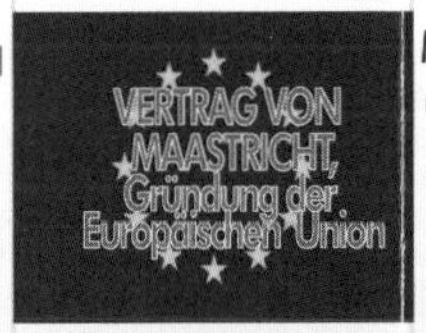

SÜDAFRIKA: Ende der Rassendiskriminierung

Die Tschechoslowakei wird in Tschechische Republik und Slowakei aufgeteilt.

Mons. Elias Yanes, Vorsitzen. der Span. Bischofskonferenz

Johannes Paul II. weiht die Madrider Almudena-Kathedrale

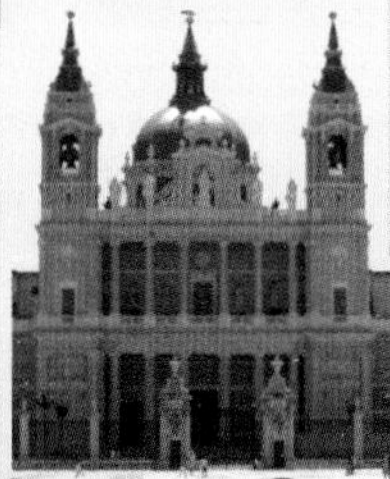

MEXIKO: Ernesto Zedillo, Präsident

SÜDAFRIKA: NELSON MANDELA gewinnt die ersten Wahlen (Ende der Apartheid)

ISRAEL: Beginn der Autonomie für Gaza und Jericho

Juden ermorden Moslems.

IRAK erkennt die Grenzen zu Kuwait an.

Großbritannien: 32 Frauen in der Kirche von England zu Priesterinnen geweiht

Mons. Álvaro del Portillo, Prälat des Opus Dei, stirbt. Nachfolger Javier Echevarria

1. Militäreinsatz der NATO in Bosnien

Völkermord in Ruanda. Fast 1 Mio. Tutsis werden von Hutu-Milizen getötet

Papstbesuch in Zagreb

SPANIEN: ETA , Anschlag auf Aznar

Spanischer Senat verabschiedet Abschaffung der Todesstrafe in Kriegszeiten

IRAK: Wiederwahl S.Husseins, Präs. (99,89% der Stimmen)

FRANKREICH: J. Chirac,Präs.

ARGENTINIEN: Carlos Menem wiedergewählt

François Mitterand †

BURUNDI: Massenexodus

SÜDAFRIKA: Abschaffung der Todesstrafe

TÜRKEI: Wahlsieg der Islamisten

JAPAN: Januar- Erdbeben hinterlässt 6500 Tote, 26000 Verletzte März- Gasattentat in der U-Bahn von Tokio (11 Tote und 5000 Menschen mit Vergiftungssymptomem)

SPANIEN: José Ortega Lara wird entführt

PORTUGAL: J.Sampaio, Präs.

GRIECHENLAND: Rücktritt Papandreous

AFGHANISTAN: Taliban rufen islamischen Staat aus

IRAN: Khatami, Präsident

GROSSBRITANNIEN: Tony Blair, Präsident

BURUNDI und RUANDA Exodus nach Tansania

CHINA: Atombombenversuch

Javier Solana, NATO-Sekretär

Wiederwahl Elías Yanes' zum Vorsitzenden der Span Bischofskonferenz

SÜDAFRIKA: Desmond Tutu tritt von seinem Amt als Erzbischof zurück

Polemik über das Nazi-Gold auf Schweizer Bankkonten

Friedensvertrag zwischen Russland u. Tschetschenien

IRAK widersetzt sich den US-Inspektoren

RUSSLAND ratifiziert die Chemiewaffenkonvention.

Kongress über die Armut, organis. von der Kath. Kirche

Mutter Theresa von Kalkutta †

SPANIEN: J. Ortega Lara nach 532 Tagen Entführung befreit

CHILE: Pinochet: Senator auf Lebenszeit

INDONESIEN: Rücktritt des Diktators Suharto

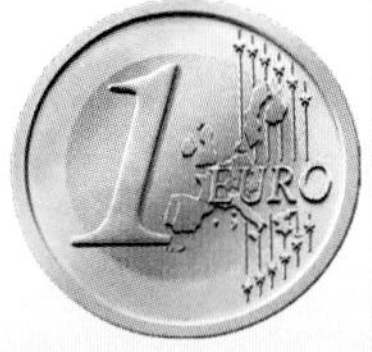

GROSSBRITANNIEN gibt Hongkong an China zurück (brit. Kolonie seit 1841)

SPANIEN: ETA erklärt eine Waffenruhe, die sich als Falle herausstellt

USA: Clinton, 2. Mandat

Zunehmende Spannu...

Geburtsstunde des EURO

Hurrikan Mitch zerstört Dörfer und Städte in Mittelamerika

Kältewelle in ganz Europa

Papstreise nach Cuba

Mons. Rouco Varela, Kardinal der Hl. Kirche

JORDANIEN: König Hussein stirbt. Netanjahu wird von Barak abgelöst.

Der EURO, Einheitswährung

MAROKKO: Hassan II. † Der Fall Pinochet

NORDKOREA: danteske Hungersnot, 8 Mio. Betroffene

PORTUGAL gibt Macau an China zurück (portugiesische Kolonie seit 1556)

CUBA eröffnet eine neue Erzdiözese: Camagüey

Kardinal Rouco, neuer Vorsitzender der span. Bischöfe

Johannes Paul II. besucht Mexiko und Polen, wo er erkrankt.

Das Prophetentum des Papstes zeigt sich als die große moralische Kraft der Welt

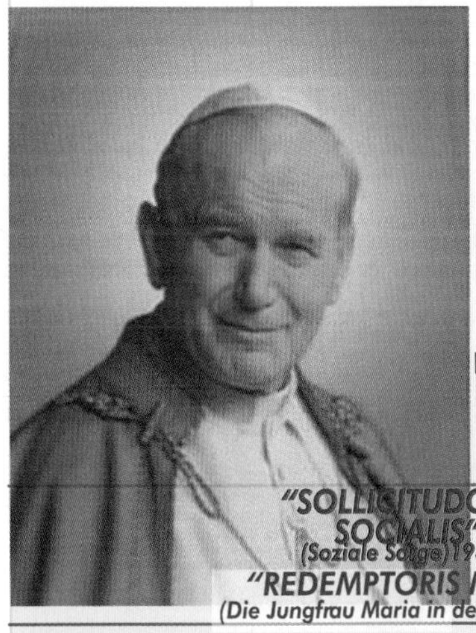

Die Kirche vor neuen Herausforderunge...

"SOLLICITUDO REI SOCIALIS" (Soziale Sorge)1987

"REDEMPTORIS MATER" (Die Jungfrau Maria in der Kirche) 1987

SEL. JOHANNES PAUL II.

"CENTESIMUS ANNUS" (Kapitalismus)1991

"VERITATIS SPLENDOR" (Kirchliche Morallehre)1993

"UT UNUM SINT" (Ökumene)1995

"EVANGELIUM VITAE" (Gegen die Abtreibung)1995

WELTPILGER PAPST DER JUGEND

"FIDES ET RATIO" (Glaube und Vernunft 1998)

"DOMINUM ET VIVIFICANTEM" (Heiliger Geist)1986

"REDEMPTORIS MISSIO" (Missionarischer Auftrag)1990

1. WJT
Palmsonntag 1986-ROM
1. Weltjugendtag
"Stets bereit, jedem Rede und Antwort zu stehen, der nach der Hoffnung fragt, die euch erfüllt" (1. Petr 3, 15)

Papstreisen nach Indien, Kolumbien, Sta. Lucía, Frankreich und Australien Internat. Jahr des Friedens

2. WJT
1987-BUENOS AIRES
1 Mio. Teilnehmer
"Wir haben die Liebe, die Gott zu uns hat, erkannt u. gläubig angenommen." (1. Joh 4,16)

Spanien: Die Katholische Kirche bekommt ab 1988 einen Prozentsatz der Einkommensteuer

UNO-Experten bestätigen das Vorhandensein des Ozonlochs über der Antarktis.

3. WJT
Diözesane Veranstaltungen Palmsonntag-1988
"Was er euch sagt, das tut!" (Joh 2,5)

Lefebvre: Schisma wegen Bischofsweihen

London, Anglikanische Kirche für die weibliche Priesterschaft

Peking, die Armee verursacht Hunderte von Toten.

4. WJT
1989-SANTIAGO DE COMPOSTELA
400000 Teilnehmer
"Ich bin der Weg und die Wahrheit und das Leben." (Joh 14,6)

Skandinavien: Pastoralbesuch Joh. Pauls II.

Isabella die Katholische: Wiederaufnahme des Heiligsprechungsprozesses

Iran (Aserbaidschan): Erdbeben mit 40000 Opfern

5. WJT
Diözesane Veranstaltungen Palmsonntag-1990
"Ich bin der Weinstock, ihr seid die Reben." (Joh 15,5)

Pastoralreisen nach Mexiko, Malta und Afrika

Nach 16 Jahren Ende des Angolakrieges

Mexiko, letzte totale Sonnenfinsternis in diesem Jahrhundert

6. WJT
1991-TSCHENSTOCHAU,
1,6 Mio. Teilnehmer
"Ihr habt den Geist empfangen, der euch zu Söhnen macht" (Röm 8,15)

Violeta Chamorro bleibt bei einem Attentat unverletzt.

7. WJT
Diözesane Veranstaltungen Palmsonntag-1992
"Geht hinaus in die ganze Welt und verkündet das Evangelium." (Mk 16,15)

Die Kirche in Guatemala gegen den "Terrorpolitik": Pater Llanos †

NATO: Chemiewaffenkonvention

8. WJT
1993-DENVER-USA
500000 Teilnehmer
"Ich bin gekommen, damit sie das Leben haben und es in Fülle haben." (Joh 10,10)

Papstreise ins Baltikum

N. Mandela und Frederik de Klerk, Friedensnobelpreis

9. WJT
Diözesane Veranstaltungen Palmsonntag-1994
"Wie mich der Vater gesandt hat, so sende ich euch." (Joh 20,21)

Kardinal Vicente Enrique y Tarancón †

Russland marschiert in Tschetschenien ein. Tragödie in Sarajevo: 68 Tote und 200 Verletzte

10. WJT
1995-MANILA
4 Mio. Teilnehmer
"Wie mich der Vater gesandt hat, so sende ich euch." (Joh 20,21)

Seligsprechung von 45 Priestern und Ordensleuten aus dem Span. Bürgerkrieg

Krieg zwischen Ecuador u.Peru Rückzug der UNO-Truppen aus Somalia (Misserfolg)

Israel: Jitzchak Rabin †

11. WJT
Diözesane Veranstaltungen Palmsonntag-1996
"Herr, zu wem sollen wir gehen?" (Joh 6,68)

ISRAEL bombardiert Beirut. Neue Angriffe auf den Libanon mit 100 Opfern, die auf einem UNO-Gelände Zuflucht gesucht hatten

SAUDI-ARABIEN: Attentat mit 19 Tote und 330 Verletzte)

12. WJT
1997-PARIS
1,2 Mio. Teilnehmer
"Meister - wo wohnst du? Kommt und seht." (Joh 1,38-39)

Papstbesuch in Sarajevo Papstbesuch im Libanon

Der Papst gegen Todesstrafe

Zigeuner "El Pelé" seliggesprochen Besuch in Brasilien Lady Diana †

13. WJT
Diözesane Veranstaltungen Palmsonntag-1998
"Der Heilige Geist wird euch alles lehren" (Joh 14,26)

Die Kirche gibt ihre Passivität in Bezug auf den Holocaust zu.

Krieg Äthiopien - Eritrea

NAIROBI: Massaker in der US-Botschaft

14. WJT
Diözesane Veranstaltungen Palmsonntag-1999
"Der Vater liebt euch." (Joh 16,27)

Ex-Jugoslawien: Ethn. Säuberung durch Serben
Tragödie im Kosovo
Bombardierung Serbiens durch die NATO

TÜRKEI: Tausende von Toten bei einem Erdbeben

John Kennedy Jr. stirbt beim Unglück seines Sportflugzeugs

Zerstückelung Jugoslawiens und Kriegsbeginn

Die Präsidenten von Ruanda und Burundi kommen bei einem Flugzeugattentat um.

NEUES ZEITALTER DER KOOPERATION IM WELTRAUM

INTERNET UND SEINE DERIVATE - MOBILTELEFONIE - DER SIMULATOR -

WELTWEITE KOMMUNIKATION ÜBER SATELLITEN UND GLASFASER

Ermordung des Premierministers von Schweden, Olof Palme

1986-Reaktorunfall in Tschernobyl

Fußball-WM in Mexiko: Argentinien Weltmeister

AIDS-Virus in einigen Bluttransfusionen entdeckt

Carlos Fuentes, Mexikaner, erhält den Cervantes-Preis.

Ermordung von Armeniern durch aserbaidschanische Türken im Kaukasus Massaker in Burundi zwischen Tutsis (15%) und Hutus (80%)

Privatfernsehen in Spanien

Olympische Spiele in Korea Calgary (Kanada), Winterspiele

Invasion von US-Truppen in Panama

Nicolae und Elena CEAUSESCU, erschossen Bukarest: Revolution El Salvador: sechs Jesuiten ermordert

100 jähriges Bestehen des Eiffelturms

Einmarsch Iraks in Kuwait

Neues Ozonloch

Gentherapie zum 1. Mal angewandt ("Kapselkind")

Octavio Paz, Nobelpreis für Literatur

Golfkrieg (1990-1991)

Erster Welt-AIDS-Tag

Ein Geistesgestörter beschädigt den "David" von Michelangelo mit Hammerschlägen.

NAFTA: Nordamerikanische Freihandelszone

Isaac Asimov † 92 Maler Francis Bacon † 92

1992 Weltausstellung Sevilla XXV. OLYMPISCHE SPIELE Barcelona

Miguel Delibes, Cervantes-Preis

Audrey Hepburn † 93

Mario Moreno (Cantinflas) † 93

Severo Ochoa † 93

Bruce Lee † 93

Friedensnobelpreis für Arafat, Rabin und Peres

1994-Eröffnung des Tunnels unter dem Ärmelkanal

Chemiker Linus Pauling † 94 (Nobelpreis für Chemie 1954 u. Friedensnobelpreis 1962)

C. J. Cela, Cervantes-Preis

Die Raumfähre Atlantis (USA) koppelt erfolgreich an die russ. Raumstation MIR an.

MP3. Die Revolution der komprimierten digital gespeicherten Audiodaten Manuel Vázquez Montalbán, Nationalpreis für Span. Lit.

Umbral: Literaturpreis "Príncipe de Asturias"

ATLANTA XXVI. Olymp.Spiele Marguerite Duras (Schriftst. u. Filmregisseurin) † 96 Ella Fitzgerald † 96 Carl Sagan ("Kosmos") † 96

Planeta-Preis für Juan Manuel de Prada,"Trügerisches Licht der Nacht"

Die amerikanische Raumsonde Pathfinder landet auf dem Mars. Raumsonde Galileo: Bilder eines Jupiter-Satelliten Schach: Kasparow geg. IBM-Computer Die Maschine gewinnt.

Pedro Duque geht in historischer Mission in Orbit

"Titanic", der teuerste Film der Geschichte

Frank Sinatra (La Voz) † 98 J. Saramago, Nobelpreis für Lit.

Alfredo Kraus † 99

Ärzte ohne Grenzen, Friedensnobelpreis

Carlos Moyá, Nr.1 im Welttennis

Alex Crivillé, Weltmeister 500cm3

Yehudi Menuhin † (Violinist des Jahrhunderts)

Rafael Alberti † 99

Olympische Winterspiele in Japan

| | 1986 | 1987 | 1988 | 1989 | 1990 | 1991 | 1992 | 1993 | 1994 | 1995 | 1996 | 1997 | 1998 | 1999 | 200 |

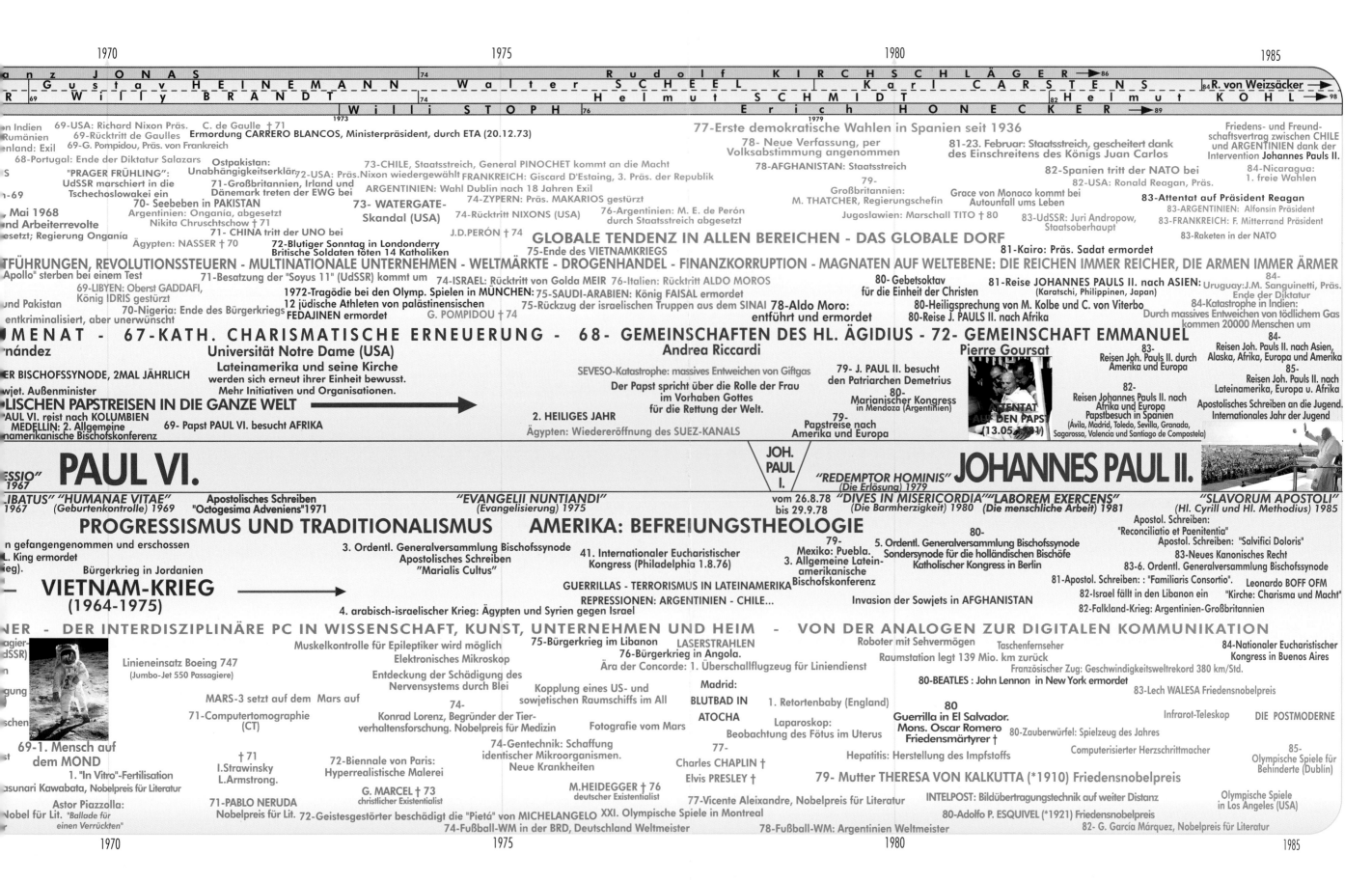

1970 — 1975 — 1980 — 1985

JONAS 74 — Rudolf **KIRCHSCHLÄGER** → 86
Gustav **HEINEMANN** | Walter **SCHEEL** | Karl **CARSTENS** | 84 R. von Weizsäcker →
69 | Willy **BRANDT** 74 | Helmut **SCHMIDT** | 82 Helmut **KOHL** → 98
Willi **STOPH** 76 | Erich **HONECKER** → 89
1973 — 1979

en Indien — 69-USA: Richard Nixon Präs. — C. de Gaulle †71 — 77-Erste demokratische Wahlen in Spanien seit 1936 — Friedens- und Freund-
Rumänien — 69-Rücktritt de Gaulles — Ermordung CARRERO BLANCOS, Ministerpräsident, durch ETA (20.12.73) — schaftsvertrag zwischen CHILE
nland: Exil — 69-G. Pompidou, Präs. von Frankreich — 78- Neue Verfassung, per — 81-23. Februar: Staatsstreich, gescheitert dank — und ARGENTINIEN dank der
68-Portugal: Ende der Diktatur Salazars — Ostpakistan: — Volksabstimmung angenommen — des Einschreitens des Königs Juan Carlos — Intervention Johannes Pauls II.
S — "PRAGER FRÜHLING": — Unabhängigkeitserklär72-USA: Präs.Nixon wiedergewählt FRANKREICH: Giscard D'Estaing, 3. Präs. der Republik — 78-AFGHANISTAN: Staatsstreich — 82-Spanien tritt der NATO bei — 84-Nicaragua:
UdSSR marschiert in die — 71-Großbritannien, Irland und — ARGENTINIEN: Wahl Dublin nach 18 Jahren Exil — 79- — 82-USA: Ronald Reagan, Präs. — 1. freie Wahlen
n-69 — Tschechoslowakei ein — Dänemark treten der EWG bei — 74-ZYPERN: Präs. MAKARIOS gestürzt — Großbritannien: — Grace von Monaco kommt bei — 83-Attentat auf Präsident Reagan
Mai 1968 — 70- Seebeben in PAKISTAN — 73- WATERGATE- — 76-Argentinien: M. E. de Perón — M. THATCHER, Regierungschefin — Autounfall ums Leben — 83-ARGENTINIEN: Alfonsin Präsident
nd Arbeiterevolte — Argentinien: Ongania, abgesetzt — Skandal (USA) — durch Staatsstreich abgesetzt — Jugoslawien: Marschall TITO †80 — 83-UdSSR: Juri Andropow, — 83-FRANKREICH: F. Mitterrand Präsident
esetzt; Regierung Ongania — Nikita Chruschtschow †71 — 74-Rücktritt NIXONS (USA) — Staatsoberhaupt
Ägypten: NASSER †70 — 72-CHINA tritt der UNO bei — J.D.PERÓN †74 — GLOBALE TENDENZ IN ALLEN BEREICHEN - DAS GLOBALE DORF — 81-Kairo: Präs. Sadat ermordet — 83-Raketen in der NATO

FÜHRUNGEN, REVOLUTIONSSTEUERN - MULTINATIONALE UNTERNEHMEN - WELTMÄRKTE - DROGENHANDEL - FINANZKORRUPTION - MAGNATEN AUF WELTEBENE: DIE REICHEN IMMER REICHER, DIE ARMEN IMMER ÄRMER

Apollo" sterben bei einem Test — 71-Besatzung der "Soyus 11" (UdSSR) kommt um — 74-ISRAEL: Rücktritt von Golda MEIR 76-Italien: Rücktritt ALDO MOROS — 80- Gebetsoktav — 81-Reise JOHANNES PAULS II. nach ASIEN: — Uruguay:J.M. Sanguinetti, Präs.
69-LIBYEN: Oberst GADDAFI, — 1972-Tragödie bei den Olymp. Spielen in MÜNCHEN: 75-SAUDI-ARABIEN: König FAISAL ermordet — für die Einheit der Christen — (Karatschi, Philippinen, Japan) — Ende der Diktatur
und Pakistan — König IDRIS gestürzt — 12 jüdische Athleten von palästinensischen — 75-Rückzug der israelischen Truppen aus dem SINAI 78-Aldo Moro: — 80-Heiligsprechung von M. Kolbe und C. von Viterbo — 84-Katastrophe in Indien:
entkriminalisiert, aber unerwünscht — 70-Nigeria: Ende des Bürgerkriegs FEDAJINEN ermordet — G. POMPIDOU †74 — entführt und ermordet — 80-Reise J. PAULS II. nach Afrika — Durch massives Entweichen von tödlichem Gas
kommen 20000 Menschen um

MENAT - 67-KATH. CHARISMATISCHE ERNEUERUNG - 68- GEMEINSCHAFTEN DES HL. ÄGIDIUS - 72-GEMEINSCHAFT EMMANUEL 83-
nández — Universität Notre Dame (USA) — Andrea Riccardi — Pierre Goursat — Reisen Joh. Pauls II. nach Asien,
ER BISCHOFSSYNODE, 2MAL JÄHRLICH — Lateinamerika und seine Kirche — SEVESO-Katastrophe: massives Entweichen von Giftgas — 79- J. PAUL II. besucht — Reisen Joh. Pauls II. durch — Alaska, Afrika, Europa und Amerika
wjet. Außenminister — werden sich erneut ihrer Einheit bewusst. — Der Papst spricht über die Rolle der Frau — den Patriarchen Demetrius — Amerika und Europa — 82-
LISCHEN PAPSTREISEN IN DIE GANZE WELT — Mehr Initiativen und Organisationen. — im Vorhaben Gottes — 80- — Reisen Johannes Pauls II. nach — Reisen Joh. Pauls II. nach
AUL VI. reist nach KOLUMBIEN — für die Rettung der Welt. — Marianischer Kongress — Lateinamerika, Europa u. Afrika — Lateinamerika, Europa u. Afrika
MEDELLIN: 2. Allgemeine — 2. HEILIGES JAHR — in Mendoza (Argentinien) — 79- — Papstbesuch in Spanien — Apostolisches Schreiben zur Jugend.
amerikanische Bischofskonferenz — 69- Papst PAUL VI. besucht AFRIKA — Ägypten: Wiedereröffnung des SUEZ-KANALS — Papstreise nach — (Ávila, Madrid, Toledo, Sevilla, Granada, — Internationales Jahr der Jugend
ATTENTAT AUF DEN PAPST (13.05.1981) — Amerika und Europa — Sagarossa, Valencia und Santiago de Compostela)

JOH. PAUL I.

"REDEMPTOR HOMINIS" (Die Erlösung) 1979

PAUL VI. — # JOHANNES PAUL II.
essio" 1967 — vom 26.8.78 bis 29.9.78

IBATUS" "HUMANAE VITAE" — Apostolisches Schreiben — "EVANGELII NUNTIANDI" — "DIVES IN MISERICORDIA""LABOREM EXERCENS" — "SLAVORUM APOSTOLI"
1967 (Geburtenkontrolle) 1969 "Octogesima Adveniens"1971 — (Evangelisierung) 1975 — (Die Barmherzigkeit) 1980 (Die menschliche Arbeit) 1981 — (Hl. Cyrill und Hl. Methodius) 1985

PROGRESSISMUS UND TRADITIONALISMUS — **AMERIKA: BEFREIUNGSTHEOLOGIE** — Apostol. Schreiben: "Reconciliatio et Paenitentia"
in gefangenommen und erschossen — 3. Ordentl. Generalversammlung Bischofssynode — 79- — 5. Ordentl. Generalversammlung Bischofssynode — Apostol. Schreiben: "Salvifici Doloris"
King ermordet — Apostolisches Schreiben — 41. Internationaler Eucharistischer — Mexiko: Puebla. — Sondersynode für die hollädischen Bischöfe — 83-Neues Kanonisches Recht
eg). — Bürgerkrieg in Jordanien — "Marialis Cultus" — Kongress (Philadelphia 1.8.76) — 3. Allgemeine Latein- — Katholischer Kongress in Berlin — 83-6. Ordentl. Generalversammlung Bischofssynode
amerikanische — 81-Apostol. Schreiben: "Familiaris Consortio".
VIETNAM-KRIEG — GUERRILLAS - TERRORISMUS IN LATEINAMERIKA — Bischofskonferenz — 82-Israel fällt in den Libanon ein — Leonardo BOFF OFM "Kirche: Charisma und Macht")
(1964-1975) — 4. arabisch-israelischer Krieg: Ägypten und Syrien gegen Israel — REPRESSIONEN: ARGENTINIEN - CHILE... — Invasion der Sowjets in AFGHANISTAN — 82-Falkland-Krieg: Argentinien-Großbritannien

NER - DER INTERDISZIPLINÄRE PC IN WISSENSCHAFT, KUNST, UNTERNEHMEN UND HEIM - VON DER ANALOGEN ZUR DIGITALEN KOMMUNIKATION

agier — Muskelkontrolle für Epileptiker wird möglich — 75-Bürgerkrieg im Libanon — LASERSTRAHLEN — Roboter mit Sehvermögen — Taschenfernseher — 84-Nationaler Eucharistischer
dSSR) — Linieneinsatz Boeing 747 — Elektronisches Mikroskop — 76-Bürgerkrieg in Angola. — Raumstation legt 139 Mio. km zurück — Kongress in Buenos Aires
(Jumbo-Jet 550 Passagiere) — Entdeckung der Schädigung des — Ära der Concorde: 1. Überschallflugzeug für Liniendienst — Französischer Zug: Geschwindigkeitsweltrekord 380 km/Std.
ung — MARS-3 setzt auf dem Mars auf — Nervensystems durch Blei — Madrid: — 80-BEATLES : John Lennon in New York ermordet
71-Computertomographie — Kopplung eines US- und — BLUTBAD IN — 1. Retortenbaby (England) — 83-Lech WALESA Friedensnobelpreis
chen — (CT) — sowjetischen Raumschiffs im All — ATOCHA — 80 — Infrarot-Teleskop — DIE POSTMODERNE
74- — Laparoskop: — Guerrilla in El Salvador.
69-1. Mensch auf — Konrad Lorenz, Begründer der Tier- — Fotografie vom Mars — Beobachtung des Fötus im Uterus — Mons. Oscar Romero — 80-Zauberwürfel: Spielzeug des Jahres — Computerisierter Herzschrittmacher
dem MOND — verhaltensforschung. Nobelpreis für Medizin — Friedensmärtyrer † — 85-
1. "In Vitro"-Fertilisation — 74-Gentechnik: Schaffung — 77- — Hepatitis: Herstellung des Impfstoffs — Olympische Spiele für
asunari Kawabata, Nobelpreis für Literatur — †71 — identischer Mikroorganismen. — Charles CHAPLIN † — 79- Mutter THERESA VON KALKUTTA (*1910) Friedensnobelpreis — Behinderte (Dublin)
Astor Piazzolla: — I.Strawinsky — Neue Krankheiten — Elvis PRESLEY †
Nobel für Lit. "Ballade für — L.Armstrong. — 72-Biennale von Paris: — M.HEIDEGGER †76 — INTELPOST: Bildübertragungstechnik auf weiter Distanz — Olympische Spiele
einen Verrückten" — 71-PABLO NERUDA — Hyperrealistische Malerei — deutscher Existentialist — 77-Vicente Aleixandre, Nobelpreis für Literatur — in Los Angeles (USA)
Nobelpreis für Lit. 72-Geistesgestörter beschädigt die "Pietà" von MICHELANGELO XXI. Olympische Spiele in Montreal — 80-Adolfo P. ESQUIVEL (*1921) Friedensnobelpreis
G. MARCEL †73 — 74-Fußball-WM in der BRD, Deutschland Weltmeister — 78-Fußball-WM: Argentinien Weltmeister — 82- G. García Márquez, Nobelpreis für Literatur
christlicher Existentialist

1970 — 1975 — 1980 — 1985